Prologo

ABCALIA es una historia que llevaba años queriendo escribir. Es un viaje hacia el mundo de los sueños, pero también hacia el interior de nuestra existencia. La novela ha tenido la suerte de contar con muy buena acogida de público y crítica, algo por lo que estoy profundamente agradecido. La historia, ganadora del premio Pluma Platino 2013, nos sumerge en un viaje de recuerdos y sueños que ahondan en temas tan importantes como el amor, el destino o el sentido de la vida. Pese a lo arriesgado de la decisión, he creído que era un buen momento para experimentar con la introducción de emoticonos en los diálogos de una novela; prescindir de los espacios de inicio de párrafo y recuperar alguna que otra palabra. Todo ello mientras abuso alegremente de los puntos suspensivos. Confío en que los lectores sepan tolerar mis excentricidades.

Mucha gente me ha preguntado si practico milam o yoga, y si mi especialidad es la literatura. Debo decir que hasta el momento nunca he probado ninguna de las dos disciplinas. He impartido clases de literatura hispánica en universidades extranjeras, aunque mis dos especialidades fundamentales son la lengua española y la inglesa, junto con la historia. Me gusta vivir y enseñar en otros países, pero actualmente me encuentro cómodo en España.

Como último apunte; algunos lectores parecen sorprendidos de que haya firmado hace algún tiempo un manifiesto de la Organización de Consumidores y Usuarios a favor de compartir archivos por internet. Sigo manteniendo, reforzada si cabe, mi opinión positiva sobre un fenómeno que es legal y deseable. Si a alguien le resultara excesivo el precio casi simbólico de la novela, cuenta con mi permiso para descargársela gratis o pedírsela a un amigo. En mi humilde opinión, el que haya decidido escribir o ser profesor para hacerse rico, ha elegido muy mal negocio. Un saludo a todos y gracias de nuevo por vuestro apoyo.

Agradecimientos

¡Gracias Señor Poppy!

ABCALIA

CAP 1

Las horas pasaban demasiado despacio encerrado en aquella clase. Las miradas vacías de los estudiantes se esforzaban por comprender mi presentación sobre el eternalismo con ayuda de las obligadas referencias a Kuipers y a McTaggart. Cada nuevo concepto que les presentaba parecía resonar en sus limitadas mentes, hasta encontrarse con una total incapacidad para embarcarse en cualquier viaje filosófico que fuera más allá del huevo y la gallina, o de la ardilla en el bosque. En aquel preciso instante consideraba seriamente la idea de traer marionetas para mi próxima clase y poder ponerme a su nivel:

-¡Hola niños! Soy vuestro amigo, el Señor Poppy... ¿sabíais que vuestro concepto lineal del factor tiempo se basa en teorías obsoletas del siglo dieciocho que llevan décadas intentando ser corregidas por la ciencia y la filosofía? Hmm... ¿sabíais también que esta visión arcaica sobre el presente siendo real, y el futuro totalmente abierto, os impide desarrollar ideas complejas y acabaréis viviendo una vida insatisfactoria y vacía? ¿Sabíais que estoy perdiendo mi tiempo intentando explicaros estas cosas porque vuestra meta en la vida es tener un trabajo estable y un coche que os de una falsa sensación de libertad?

No me habría hecho a la idea de ser profesor titular de alguna asignatura de filosofía. Aunque las sustituciones estaban bien para no perder el contacto con el mundo académico, y para aferrarse a la idea de encontrar de vez en cuando a otro ser humano que no viviera atado por las cadenas de la época en la que estaba. Pero esto último pasaba tan raras veces, que si hubiera tenido que elegir, habría dicho que el ego era mi principal motivación para ser profesor... Demostrarme a mí mismo que estaba por encima de todos.

-Por tanto, podemos afirmar según esta teoría, que el futuro no es algo que esté por venir, sino que es tan real como el presente. Esto no se contradice con el concepto de libre albedrío, ya que se entendería como el cúmulo de pequeñas variaciones que complementan el bloque general del futuro, y no lo modifican. Es decir, en el futuro dentro de cuatrocientos años ustedes ya están todos muertos, eso es una realidad que ya existe y pese a su libre albedrío seguirá formando parte del futuro. El cómo lleguen ustedes hasta tal punto sí está más o menos abierto a modificaciones. ¿Alguna pregunta?

-Hmm... entonces el pasado y el futuro ¿no existen?

-Al contrario; existen al mismo tiempo y como un continuo cuyo concepto da lugar al símbolo del infinito. Probablemente lo hayan visto... un ocho tumbado que se identifica erróneamente con la banda de Mobius, debo decirles que se ha usado con anterioridad. El matemático John Wallis en el siglo diecisiete ya lo utilizaba en sus trabajos. El concepto ya estaba presente en tratados de alquimia previos. Solo nos queda esperar que el tiempo siga un esquema helicoidal que vaya variando pese a repetirse, en lugar de un esquema fijo como el de Mobius... odiaría tener que volver a darles esta clase durante toda la eternidad :)

Al acabar la clase, dos alumnas se interponían sonrientes en mi camino hacia la puerta.

-Perdone profesor, nos ha gustado mucho la clase... ¿Tiene Facebook o Twitter?

-No, lo siento... Hace años que borré mis cuentas. Consumían demasiado tiempo y no me gusta la idea de que todo el mundo sepa lo que hago :) Pero si tienen alguna pregunta estaré encantado de atenderlas en clase o por email.

-Hmm... no... la verdad es que teníamos curiosidad... ¿Le apetecería quedar algún día fuera de clase? Ir a tomar un café... o algo... ;)

-Son ustedes muy amables, pero mi mujer estaría muy celosa si supiera que estoy en compañía de dos chicas tan encantadoras :) Espero verlas el jueves en clase.

Había mentido… no estaba casado, pero era más fácil usar esa respuesta que empezar a explicarles cómo en realidad no estaba interesado en ellas. No era nada estrictamente personal; simplemente me resultaba tedioso el impulso de las alumnas por intentar ligar con el profesor nuevo, o el monitor de esquí, o el instructor de tenis. Parecía como si cualquier hombre que fuera capaz de enseñarles algo delante de más gente se volviera automáticamente irresistible. Un efecto antropológico en el que no se podía basar ninguna relación duradera. Lo había intentado algunas veces en el pasado, pero a pesar de los buenos momentos, tuve que desistir hace un par de años tras cumplir los treinta… De todo se cansa uno, hasta de los escarceos sin futuro con alumnas fácilmente impresionables.

Aquella tarde decidí ir a la clase de las seis en el gimnasio. Actualmente me había dado por el Muay Thai, aunque no atraía tanto mi atención como otras artes marciales que había probado en el pasado. Siempre había pensado que de hacer algún deporte para estar en forma, ¿por qué no entrenar en algo que te ayudara a defenderte llegado el caso? Llevaba practicando una cosa u otra desde que iba al colegio: karate, judo, jujutsu, kick, full, wushu… La lista era interminable. Me gustaba la sensación de superación; el poder personal que me permitía moverme por la vida sin algunas de las preocupaciones habituales del resto de la gente. Procuraba no juzgarlos con demasiada dureza, pero alguien que prefería el spinning o el squash a la posibilidad de caminar sin miedo por calles oscuras destacaba, en mi mente, por su falta de criterio. Era algo que procuraba mantener oculto... el desdén que me producía la mayoría de la gente. Lo escondía tras una sonrisa amable, intentando convencerme a mí mismo de su libertad para escoger el paddle sobre el boxeo si así lo deseaban, temiendo el inexorable momento en que alguien les recordara que el mundo era un lugar violento del que el bádminton no les salvaría.

Me faltaba algo... Viajaba siempre que podía a sitios más o menos civilizados, buscando alguna experiencia que me alejara de ese sentimiento. No era un mal método, pero pese a mi interés por descubrir nuevas culturas, los cálidos besos recibidos en alguna fría capital europea y lo mucho que aprendía, al volver a casa todo seguía igual que siempre. Habría podido casarme dos o tres veces a lo largo de mi vida... y habría sido feliz, pero ya desde pequeño tenía un sentimiento extraño. Nada concreto. La idea de que pese que jugaba bien y conocía las reglas, aquel no era mi juego. Esa idea tomaba a veces forma... sobre todo en sueños. Recuerdo haber pasado meses con diecisiete años durmiendo de día. Había sido una temporada bohemia donde los programas de la tele digital en otros idiomas, los libros de mitología, filosofía o historia y las duras noches de entrenamiento daban como resultado unos sueños diurnos extraños en los que podía sentirme cerca de algún atisbo de respuesta.

Entre las cosas más extrañas, estaba el haber soñado con mi primera novia años antes de conocerla. Una playa interminable, palabras en un idioma extraño y un beso que solo tuvo sentido cuando el futuro trajo ese preciso momento a mi vida. Sueños en los que luchaba al lado de compañeros de armas, mensajes de princesas futuristas en enormes miradores de mármol, niños que me llamaban papá al abrazarme sonrientes, y monstruos que se disculpaban por haberme puesto a prueba de pequeño...

Cuando era niño me aterrorizaba la oscuridad de la noche en el pasillo; mirar debajo de la cama cuando se habían apagado las luces, y pensar en oscuros peligros contra los que no podía protegerme. La idea de que mis seres queridos murieran si no hacía algo determinado... el miedo infantil me iba paralizando poco a poco. Un día decidí que ya era suficiente. No me movió el coraje, sino el orgullo... uno muy específico; un orgullo que decía: "no quiero vivir en un sitio donde los monstruos y la oscuridad me paralicen".

Me adentré en el pasillo con el corazón latiéndome casi fuera del pecho y miré a la oscuridad a los ojos. A cada paso me volvía más fuerte... hasta estar en el centro del miedo, deseando un desenlace para todo aquello. Los minutos pasaban y no ocurría nada; había triunfado. Cuando estuve satisfecho volví a mi habitación, me metí debajo de la cama con los ojos cerrados y una sonrisa maliciosa. Antes era yo quien se escondía de los monstruos, y ahora ellos, previsiblemente, se esconderían de mí en el futuro.

Los sueños que más me inquietaban, disculpas de horribles monstruos aparte, eran aquellos en los que me sentía cerca de "ella". Un arquetipo femenino que cambiaba de rostro y de apariencia, de personalidad y de reacciones… pero siempre la sentía igual. Solo "ella" había sido capaz de hacerme sentir vivo, de hacerme ver que todo tenía un propósito oculto. Sueños que parecían tan reales, que no había podido evitar las lágrimas al despertar. Sueños que un día se detuvieron… y las noches se sucedieron entonces con otros sueños normales, pese a todos mis esfuerzos por volver a verla.

Era tan difícil volver a la realidad armado solo con la esperanza de poder por fin encontrarla. Pero fueron pasando los meses… los años… y aquel chico de diecisiete perdió la esperanza. Al fin y al cabo, parecía ser verdad que no se podía vivir de sueños. Quise a varias mujeres, les hacía el amor convencido de que "ella" podía estar escondida en un beso… en una caricia… en un suspiro que se pierde en medio de una noche de lluvia. Pese a que quería creer, que estaba desesperado por hacerlo… nunca me encontré tan feliz como en los sueños. Y había empezado a sentirme culpable. Si "ella" estaba en algún lugar observándome ¿no le dolería que mis besos fueran para otra? ¿No sentiría la traición por no haberla buscado mejor? Por no haberla esperado lo suficiente... Era como si me hubiera rendido. Como si al renunciar a mi soledad hubiera aceptado que el mundo era, después de todo, mi sitio y que no la merecía por haberme conformado; por haberme dado por vencido.

Así pasaron los años. Amores profundos, pero pasajeros. Habría deseado que me hubiera dolido más el final de alguna de mis relaciones; quizás así habría podido saber que estaba amando como en mis sueños, que las otras noches estaban llenas solo de sueños normales cortesía de mi subconsciente y que tarde o temprano encontraría una chica con la que ser feliz por fin. Pero en lugar de eso, el final de una relación parecía tener sentido... reafirmaba mi idea de que no importaba cuantas veces lo intentara, mi destino estaba escrito y todo lo que no fuera "ella" serían intentos inútiles de negar lo que ya sabía. Una realidad que, pese a no entender, tenía una lógica impecable. La siniestra idea de que ninguna otra mujer salvo "ella" podría amar y ser amada como en mis sueños. Estaba destinado a elegir una vida en soledad.

No resulta, por tanto, extraño que mi elección fuera la filosofía. No había sido difícil estudiar el único camino que podría ofrecer alguna respuesta a mis obsesiones. Sin duda era posible ahondar en esas cuestiones sin un título en la mano, pero doctorándome en ese campo, tenía la sensación de haber hecho todo lo posible por llegar a mi meta. Las dudas sobre la viabilidad de mis estudios como medio de vida nunca estuvieron en un primer plano. Acercarse a la filosofía como una fuente de ingresos me parecía una perversión conceptual e histórica. No significaba que estuviera dispuesto a malvivir con estrecheces económicas permanentes; el trading bursátil era una actividad que pese a darme algunas decepciones iniciales, ahora me permitía vivir ajeno a la escasez de puestos universitarios fijos.

El problema de haber ido tan lejos por aquel camino, era un exilio interior que no parecía encajar bien con el resto de mi carácter. Aquello era gracioso, porque no me molestaba estar con otra gente, bromear y disfrutar de momentos en compañía; pero otras facetas de mi personalidad quedaban a menudo intactas y recluidas en aquel exilio al que apenas llegaba ya algún libro... y mucho menos una conversación. Había ido hace unos meses a un congreso de filosofía en Dublín y había vuelto al borde de la depresión. ¿Cómo era posible que colegas con años de experiencia académica aún estuvieran pensando en la divinidad como si fuera el señor mayor de "Érase una vez el hombre"? Basaban su ateísmo en el hecho de que hubiera huracanes, terremotos, o niños enfermos de cáncer... Como si en su mente dios fuera un viejo amargado vestido con toga blanca que decidía repartir catástrofes y enfermedades el día que se levantaba de mal humor. Era desolador ver aquellas ponencias, dignas de jóvenes confusos más que de la élite de la filosofía europea. Durante la cena de clausura pude comprobar que nuestras diferencias iban más allá de la idea de dios. Si había algo capaz de hacerme perder los nervios, además de un magret de pato casi crudo, era Aristóteles.

Las conversaciones de la cena habían sido tan banales como las que mantenía habitualmente; sin embargo al llegar al tema de Aristóteles, sobre cuánto le debe la filosofía y de cómo definió esto o aquello haciéndolo inamovible para futuros debates, estallé. Después de aguantar horas de ponencias simplistas a nivel de primaria, lo de Aristóteles era la gota que colmaba el vaso. Entre sus innumerables "aportaciones" estaban el sol girando alrededor de la tierra, que las mujeres no tenían alma, calcular el diámetro del planeta en más del doble de su tamaño, la inexistencia del átomo, la generación espontánea con reflexiones como "las moscas y ratones que se forman por generación espontánea parecen idénticos a los normales", el cerebro solo enfriaba la sangre, y algunos otros que llevaron durante siglos a los científicos por caminos equivocados. No es que no me gustara Aristóteles, había hecho grandes aportaciones a la filosofía, pero había retrasado considerablemente la ciencia. Situarlo como epicentro del pensamiento occidental ignorando a Platón,

Pitágoras, Arquímedes o Sócrates, sin salirnos de la Grecia Clásica, era una impertinencia. Mi frase favorita de Aristóteles procuraba aplicármela en todas las situaciones: Piensa como lo hacen los sabios, pero habla como lo hace la gente sencilla.

Había hecho aquel viaje sin comentárselo a nadie. Por alguna extraña razón me gustaba que mis conocidos no supieran donde estaba la mayor parte del tiempo. Ni siquiera se lo había mencionado a mi hermano, pese a haberlo visto el día antes del vuelo. A veces tenía la impresión de que si no hubiera sido por ir a visitar a mi sobrino, habríamos perdido el contacto hace años... Él detestaba enfrentarse a mis juicios éticos y a mí me repugnaban sus maniobras políticas, pero Jaime, mi sobrino, era un encanto. Temía el momento en que tuviera conciencia de lo que hacía su padre con su cargo público... pero me horrorizaba todavía más pensar que Jaime pudiera llegar a ser como él en el futuro. Las conversaciones con mi sobrino sobre Pokemon de las primeras versiones eran, en cierto sentido, más estimulantes que las que mantenía con otros profesores o alumnos.

-Jaime... ¡céntrate por dios! ¿No ves que si usas un Squirtle contra un Bulbasur vas a estar echándole agua a una planta? ¿No crees que es mejor coger un Charmander y quemarlo?

-Hmm... Sí... pero le queda poca vida... :(

-Pues usas una poción en el primer turno y listo... :)

Me gustaba pensar que era uno de esos tíos enrollados como pocos, pero hoy en día habría sido casi imposible encontrar a alguien de mi edad que no controlara de videojuegos tanto o más que su sobrino.

Familia, amigos, trabajo, libros, viajes de aventura… Eran esas las pequeñas cosas que todavía me mantenían unido a un mundo que, por mucho que lo intentara, no me ofrecía lo que yo siempre había anhelado. Aquella tarde, al volver del entrenamiento decidí que era hora de centrarme en lo único que me había acercado a una respuesta en el pasado. Era el momento de investigar la forma de volverla a ver a "ella".

Empecé a pasar horas pegado delante del ordenador, buscando libros sobre control de sueños, psicología onírica, sueños lúcidos y leyendo los capítulos que me interesaban. Llegó a convertirse en una obsesión el querer hallar las respuestas a todas mis preguntas sobre sueños; no solo los míos, sino todo el proceso en su conjunto. Fue inevitable también caer en temas relacionados, como los viajes astrales, las experiencias extracorpóreas y esa dichosa luz al final del túnel. Pese a lo que pudiera pensarse, no estaba tan desconectado de esos temas como creía. Desde fuera, podría parecer que en quince años las investigaciones habían avanzado una barbaridad, sin embargo, todo seguía más o menos igual que cuando yo era un adolescente y ojeaba estos temas. El libro de referencia para experiencias cercanas a la muerte, por ejemplo, seguía siendo el de R. A. Moody. Lo había leído un par de veces ya, esta vez me dediqué a tomar notas de lo que me interesaba, pero mi carrera académica había hecho demasiada mella en mí a esas alturas. Todo eran inconsistencias, ejemplos demasiado obvios y casos poco objetivos que parecían tener un mensaje que fallaba en algo... La gente que había sido mala o muy mala seguía viendo el túnel y la luz, sin embargo todos los que habían intentado suicidarse relataban historias de sitios demasiado parecidos al infierno de la Biblia, con demonios feos incluidos. Ese tipo de detalles en historias anónimas siempre habían hecho saltar mis alarmas internas; como si el autor intentara disminuir la tasa de suicidios mediante el miedo, en lugar de ofrecer casos reales y consistentes con la ética más básica. Resultaba repugnante imaginar en ese infierno a una buena persona que no vio salida en circunstancias extremas... Quizás una caída fortuita dentro de un pozo en medio de la nada, quizás alguien prefirió la muerte a vivir paralítico en una cama. Esa noche en particular me ocupé en probar que ese autor mentía. Por suerte fue más fácil de lo que había pensado. Ya en 1981 se publicaron estudios universitarios en los que, supervivientes de intentos de suicidio relataban las mismas experiencias de luz y túnel que el resto de la gente. Un par de autores más reforzaron aquel descubrimiento; lo cual me recordó lo cuidadoso que hay que ser antes de creer algo sin contrastarlo primero... especialmente si el objetivo era adentrarse en el mundo de los sueños.

CAP 2

Con el paso de los días mi biblioteca fue creciendo; las notas y recursos para que mi mente se dirigiera hacia esos sueños aumentaban sin cesar. Estudios, artículos, libros de relajación... me estaba convirtiendo poco a poco en todo un experto. Por fin llegó la noche de la primera prueba. Decidí que para aquel intento la calefacción debería estar funcionando porque, de tener éxito, no me daría tiempo de taparme. El plan era quedarme dormido tras una sesión de meditación. Hacía mucho tiempo que no me detenía a relajarme y meditar dejando la mente en blanco. Como un principiante más, me concentraba en mi respiración intentando desechar cualquier pensamiento que apareciera mientras inspiraba el aire, hinchaba el abdomen y lo expulsaba lentamente. Sentado en la cama, empecé a notar el punto en el que meditación y sueño profundo se encontraban... y me dejé arrastrar manteniendo un atisbo de control sobre lo que mi cerebro iba a presentarme.

Un bosque... humedad fresca... un pequeño riachuelo solitario... una roca que parecía extremadamente antigua. Una ninfa peinando sus cabellos de espaldas, con una figura delicada y elegante. Tan pura, tan perfecta... Intentaba acercarme pero no era capaz de moverme de forma normal. "Ella" se giró con una sonrisa dulce y me dijo:

-Te he echado de menos...

El sueño se hacía más y más distante... Incapaz de hablar o de ir hacia donde estaba... de repente me vi solo dentro de una especie de foro romano en versión futurista y hecho de piedra negra. Comprendí que a partir de aquel punto sería un sueño corriente o al menos desconectado del anterior. Había sido solo un instante, pero la había visto de nuevo. Tan encantadora como la última vez, aunque en esta nueva forma de ninfa del bosque resultaba sorprendente. La recordaba distinta... pero indudablemente era "ella".

A la mañana siguiente lo primero que hice fue tomar notas de lo que había visto en mis sueños. Era una de las muchas recomendaciones de los libros. Anotando lo que había pasado, el cerebro se acostumbraría a no desechar ningún detalle en futuras ocasiones, a concentrarse en lo importante y no distraerse; o como en este caso... a cambiar de sueño de repente.

Había tardado años... pero ahora los sueños habían comenzado de nuevo. Notaba como poco a poco se iban convirtiendo en la parte más importante de mis días, que se sucedían esperando la noche en la que pudiera visitarla a "ella" de nuevo. Hice todas las pruebas que se me ocurrieron a partir de los libros... me iba a dormir sin cenar, con tapones en los oídos, ponía ambientadores que me recordaran al bosque donde estaba ella, incluso llegué a tener una especie de jardín en la habitación con la esperanza de que mi mente aprovechara el esfuerzo y le fuera más fácil llevarme hasta su encuentro.

Ahora era plenamente consciente de que no había vivido hasta que volví a tener aquellos sueños de nuevo. Comenzaron a inquietarme al darme cuenta de que podían ser mucho más de lo que yo imaginaba. Ella era a menudo la única que hablaba durante nuestros encuentros; yo todavía era incapaz de controlar mis propias acciones. Se mostraba cariñosa y dulce conmigo, esperando no asustarme demasiado. Las cosas que llegó a decirme en medio de una de nuestras noches juntos consiguieron que entendiera que todo aquello era ajeno a mi imaginación. Habíamos llegado a hablar del futuro; no del nuestro, sino del mío en mi realidad. Ella parecía dudar a veces cuando estábamos juntos de que las cosas que me decía hubieran sucedido ya o estuvieran a punto de suceder.

Recuerdo un comentario mientras acariciaba brevemente su mejilla y me perdía dentro de aquellos ojos azules y profundos... La niña que había salvado estaba bien y vivía feliz con sus padres en un pueblo cerca de Rennes.

-No lo entiendes ahora... aún tienes que aprender. ¿Esto te lo enseña Swami o lo aprendes tú solo? :)

-Yo... no sé... No quiero irme.

-Tienes que despertar... aún no has ganado la guerra

-¿Qué guerra? Yo... te he echado tanto de menos...

-Pronto salvarás a esa niña... comenzarás tu camino... Es hora Daian ;)

En medio de los sueños todo tenía sentido, o quizás el estar con ella hacía que todo pareciera tenerlo. Mi personalidad cambiaba bastante con respecto a mi vida consciente, daba la impresión de ser bastante mejor persona por las noches, aunque siempre pensé en ella como la fuente del cambio. Al despertar me apresuré a buscar Rennes; era una ciudad francesa sin nada de particular además de una hermosa catedral gótica.

Pasó algún tiempo tras aquel sueño en el que no volví a tener más. Quizás el estrés de mi vida consciente, quizás tenía que ser así. En cualquier caso, releía fragmentos subrayados de libros de psicología: Kramer, Lowy, MacNamara... intentando descartar cualquier atisbo de subjetividad en el proceso. Un mes más tarde, cuando paseaba por el puerto de mi ciudad, una niña francesa se caía al agua desde la zona de ocio entre dos yates amarrados, por el único trozo del paseo en el que la barandilla de seguridad no era de doble altura. Tras sacarla del agua, mi primera y extraña pregunta para los padres fue en un francés muy básico sobre su ciudad de origen. Mis teorías sobre los sueños que estaba viviendo se confirmaban entre gritos de alivio: "-vous avez sauvé la vie de ma fille!".

Me alegraba, la niña estaba bien aunque todavía nerviosa por el susto. Darle sentido a todo aquello me iba a costar bastante. Redoblé mis esfuerzos para buscar respuestas y, sobre todo, alguna forma de poder ser más consciente durante los sueños.

Lo que más me preocupaba no era saber el cómo, sino más bien el cuándo. Los sueños se habían detenido desde hacía semanas. La impaciencia se apoderó de mí y comencé a experimentar con plantas, infusiones y somníferos más o menos potentes. La interpretación de insomne, atormentado por las noches sin descanso, me habría valido un Oscar si el escenario hubiera sido otro que la consulta del médico. "—Deme lo que sea doctor… estoy desesperado… nada parece hacer efecto, no sé qué más hacer". La receta con la que salí de allí era potente, estaríamos hablando de ese tipo de pastillas que te mandan a la UVI si tomas tres en lugar de una. Nunca me habían gustado las drogas, las pastillas… consideraba que la gente que las tomaba sin motivos médicos, eran inútiles sin valor para enfrentarse a sus vidas. Sin embargo aquello era distinto; una prueba más en mi larga lista de recursos.

Decidí esperar a tenerlo todo organizado antes de arriesgarme con las pastillas. No servirían de nada si el catalizador que producía los sueños no tenía mucho que ver con la profundidad del mismo. Uno de los artículos que había buscado por internet ponía de relieve la necesidad de regular las ondas cerebrales de los pacientes en estudios sobre el sueño, para maximizar los resultados. Un sueño demasiado profundo y no recordaría nada al despertar, demasiado ligero y los únicos sueños disponibles caerían en la más absoluta normalidad.

La noche siguiente dispuse todo para otro intento, esperando que esta vez todo sucediera como había planeado. Cuando estaba esparciendo esencia de rosas por el cabecero de la cama se me ocurrió que quizás no dependía tanto de los estímulos externos como de conseguir quedarme dormido en el estado correcto. Relajarme mediante la meditación y escoger un momento de lucidez para comenzar a dormir, otra de las muchas ideas que deberían devolverme al sitio que me correspondía. Aquella noche no hubo suerte, pero sí dos noches después... Poco a poco me acercaba al nivel de concentración adecuado para que todo fluyera más fácilmente. Las pastillas fueron inútiles para mis propósitos; parecía que mi mente tenía que estar a plena capacidad.

CAP 3

En aquella ocasión todo había cambiado. Me encontraba en una especie de paisaje rocoso con tonos violetas y azules. Todo era relajante y parecía como si alguien o algo se hubiera encargado de eliminar cualquier posible peligro de los que te hacen estar alerta aunque no sepas bien contra qué. En efecto… aquella playa tenía una arena fina que no se correspondía con el paisaje de alrededor. No parecía tener demasiado sentido estar pisando una arena blanca azulada cuando todo lo demás parecía ser visto a través de un suave filtro violeta. No había acabado de examinar la hermosa playa en la que me encontraba cuando un movimiento en el agua llamó mi atención. Giré la cabeza y me di cuenta de algo bastante extraño… En este sueño tenía el pelo largo y ondulado. Conseguí ver lo que parecía la cola de un pez enorme, y como nada en aquel ambiente me indicaba peligro, mi primer impulso fue arrojarme al agua para ir a verlo. Algo impensable ocurrió entonces. No sabía nadar. ¿Se me había olvidado? ¿Era otra persona en aquel sueño? Y aunque así fuera… ¿quién es tan inútil como para hundirse a pocos metros de la orilla? Salvando niñas francesas en mi vida consciente y ahogándome en una playa violeta en mis sueños…

"Ella" me sacó del agua con poco esfuerzo... Mi ninfa del bosque también se había transformado ligeramente. Tenía ante mí a una sirena preciosa, de cabellos rojos como un atardecer y ojos color aguamarina. Sus rasgos habían cambiado, pero me resultaba igual de atractiva que en los sueños del bosque. Hice una pausa para toser algo de agua, que sorprendentemente, no tenía nada de salada. A decir verdad, nada allí recordaba a una playa de mi vida consciente; no solo el agua... la ausencia de animales, insectos o plantas se me hacía extraña y a la vez familiar.

-¿Eres tú...?

-¿No sabes nadar? :D

-Antes sí sabía... nado bastante bien. No tengo ni idea de lo que me ha pasado. Has cambiado mucho desde los sueños del bosque... :O

Ella asintió con la cabeza y me enseñó una sonrisa inocente que confirmó mis sospechas. Me recordaba. Si hubiera estado consciente le habría preguntado por qué había cambiado de forma, cómo habíamos llegado hasta allí, de qué se alimentaba una sirena en un océano de agua dulce sin vida... Pero en lugar de eso la besé, la abracé y la levanté en el aire entre mientras su risa resonaba en aquella playa, que parecía solo nuestra. Le dije lo mucho que la había echado de menos, pero de forma distinta a como lo haría mi yo consciente. Le habría rogado que me mantuviera allí con ella, le habría hecho el amor varias veces mientras le decía la verdad sobre mi vida; mi vida era ella, y todo lo que había sucedido hasta nuestro nuevo encuentro era solo tiempo perdido. Sin embargo, en aquella realidad, tras levantarla en el aire y darme cuenta de lo fuerte que me había vuelto, corrí por la playa con ella en mis brazos. No me había fijado en que yo estaba totalmente desnudo y, además del pelo, parecía más alto. No tenía vello en el cuerpo y todo en mí estaba mucho más mejorado, como una versión 2.0 de mi propio yo, que sorprendentemente no sabía nadar. Tras una larga carrera mezclada con besos dulces nos tumbamos sobre la arena suave y cálida y comenzamos a hablar de nuevo entre acertijos con una complicidad encantadora. Su voz era distinta, pero igual de segura, igual de hermosa.

-¿Cómo debo llamarte? Aún no me has dicho tu nombre... :(

-No tengo nombre :) Tienes que dármelo tú... porque soy tuya.

-Yo también soy tuyo, así que... ¿cómo me vas a llamar? ;)

-Daian, significa "elegido" en la lengua de sirenas y tritones.

-Tú serás Madison. ¿Te gusta? Me recuerda a algo y sé que encaja aquí... pero no sé por qué :O

-Lamento no poder decirte mucho en esta forma... en el bosque resultaba de más ayuda :(

-Yo tampoco siento que deba hacerte preguntas ahora Madison...
es todo tan natural.

-¿Quieres ver lo que hay en este océano? Puedes respirar debajo
del agua... antes no te habrías ahogado incluso sin mi ayuda Daian
:)

Nadando en sueños recordaba algunas de las sensaciones que
siempre atribuí a mi infancia. Esos recuerdos todavía iban más
atrás. El efecto hipnótico que tenía el mar en mí, la sensación de
seguridad que tenía mirando las olas... Era como si hubiera sabido
desde siempre que existía un simbolismo primitivo en todo
aquello; una respuesta que habitaba en el fondo del mar y vendría
a encontrarme tarde o temprano. Una promesa de hogar, un
beso, un sitio al que volver cuando todo lo demás fallase. No me
habría imaginado nunca que el océano que idolatraba en mi
subconsciente ni siquiera estuviese en mi propio mundo.

Aquel lugar tenía una tranquilidad imposible de definir. Las
sensaciones que recibía eran totalmente distintas. Como recordar
un sitio de la infancia; un jardín, un estanque, una caja de arena
donde jugabas... y después visitarlo de mayor comprobando que
las sensaciones que te produce son totalmente distintas. Ni
mejores, ni peores; simplemente distintas. Aquello era para mí la
playa de Madison, un viaje de vuelta a algo que creía mi infancia,
y que siempre estuvo ahí. Madison era el mar, su libertad... un

mar hospitalario del que siempre formas parte. Un mar que incluso en mi realidad tenía tantos misterios, tantas criaturas por descubrir. Habría tenido mucho miedo de que un ser como Madison existiera en mi realidad... Ella encajaba allí totalmente, aquel era su sitio. En mi mundo había tiburones, cocodrilos de agua salada, peces venenosos, océanos contaminados y redes de arrastre. Habría preferido diez vidas en soledad a que algo tan bello como Madison viviera en un sitio como la Tierra.

Me preguntaba si las sirenas habían habitado alguna vez mi planeta. Si alguna vez existieron seres humanos con una adaptación similar al de las iguanas de las Islas Galápagos. Casi iguales a las iguanas de tierra por fuera, pero capaces de vivir la mitad de sus vidas en el mar, alimentándose y nadando como si fuera su medio natural gracias a miles de años de evolución. Las historias de sirenas no eran exclusivas de una cultura o de un territorio... todos los países con mar parecían tener alguna idea primitiva sobre seres humanos viviendo en el agua. Era tan difícil comprender todo aquello. ¿Qué ventaja evolutiva habría supuesto para un humano el tener la capacidad de pasar tanto tiempo en el agua? Lo que realmente me aliviaba, era la idea de que de haber existido en mi planeta también, lo habían hecho en un tiempo menos convulso. Un tiempo donde habrían sido felices viendo cómo sus parientes lejanos de tierra se ocupaban de otros asuntos. Hoy en día había miles de barcos de pesca surcando los mares y capturando todo en sus redes. Cientos de expediciones submarinas que encontraban nuevos seres habitando las profundidades y no había ni rastro de humanoides. Los humanos no habrían podido estar a más de seiscientos metros de profundidad sin que la presión, incluso con variaciones fisionómicas para resistirla, les hubiera impedido sobrevivir; y a esa profundidad ya quedaba poco por descubrir. Una sociedad de humanoides con aletas habría sido difícil de obviar.

Seguí a Madison hasta el agua y no pude evitar una sonrisa... Sentía que aquella era mi chica y la razón que me hacía escoger la soledad en mi realidad. Tenía una magia profunda y fascinante.

-Madison... vas muy rápido, no puedo nadar a tu ritmo :(

-Hih hih :) Es la costumbre... ¿Quieres ver algo precioso?

-Si... claro...

-Están aquí, de noche iluminan el fondo del mar.

En aquel sueño todo en mi personalidad era distinto. Lo normal habría sido decirle algo como: "Después de verte a ti nada puede parecerme precioso" o cualquier otra tontería más adecuada que un escueto "sí claro". Era algo que estaba deseando cambiar dentro de los sueños. Madison me enseñó que sí había vida dentro de aquella agua. En el fondo del mar, cerca de la playa existían criaturas redondas de color anaranjado y metro y medio de diámetro. Dejaban sus tentáculos meciéndose por la ligera corriente. Mi primera idea fue que tendrían veneno, intentarían atraparnos o algo similar, pero mi sirena los tocaba sin ningún temor. Los tentáculos se enredaban a veces y aunque aquellas cosas eran capaces de desenredarse solas, a Madison le gustaba ayudar para que no les llevara tanto tiempo.

-¿Sabes que los caballitos de mar son de este planeta? :) Me habías dicho que también los tienes en el tuyo, pero como ahora no te acuerdas de nada... :p

-Los caballitos de mar... Me gustan... Creo que me gustan.

-¡Ven! Vamos a verlos :)

Cuando me sumergía de forma torpe para estar más cerca de ella, un ruido estridente hacía que todo se oscureciera. Adoraba a mi sirena... La idea de separarme de ella me ponía triste y de mal humor.

Me levanté aquella mañana con el ruido del despertador, bastante decepcionado conmigo mismo... Alto, sin vello corporal y según parece retrasado. Madison era el nombre de la sirena de una película de Tom Hanks. ¿En qué estaría pensando? Lo lógico habría sido preguntar por qué había cambiado de forma, por qué soñaba con ella, cómo hacer para poder verla cada noche y dónde me llevaban esos sueños. Tenía que haber algún motivo para todo aquello.

Decidí no atormentarme más con lo que podría haber hecho, y me puse de nuevo a investigar el porqué de mis cambios de personalidad en los sueños. No hacía las preguntas correctas, no reaccionaba como habría hecho de forma consciente. Empecé a escribir un diario con todo lo que recordaba de los sueños que había tenido hasta entonces. Pensé en lo interesante que habría sido publicarlo... sin duda cualquiera que lo leyera me habría recriminado llamarla Madison por aquella película. Habría tiempo para jugar a ser escritor más adelante... ahora había demasiadas preguntas sin respuesta y no tenía nada claro cuándo sería el próximo sueño.

CAP 4

El día transcurrió sin nada de particular. Algunas de las compañías de mi cartera habían caído ligeramente, pero era algo que ya había previsto. Se vio compensado con creces por el incremento de los dividendos que percibiría a finales de semana. El trading era algo que se me daba considerablemente bien. En aquel momento me dio por pensar en las complicaciones que habría tenido si en lugar de ganar dinero de esa forma y con las sustituciones en la universidad, hubiera tenido que estar en un trabajo que no me permitiera obsesionarme con mi otra vida onírica.

Estar en una oficina, en una tienda o conduciendo una ambulancia habría supuesto muchos contratiempos para avanzar en el enigma de mis sueños. Supongo que me habrían despedido a la segunda semana de empezar con esta búsqueda. Por suerte, invertir se me daba lo suficientemente bien como para no perder demasiado tiempo trabajando. Vivía bastante cómodo aunque mi cuenta nunca superaba las cinco cifras de saldo. Nunca he tenido gastos caros, ni afición por derrochar.

Tras introducir las operaciones del día, descargué algunas de las conferencias del Dr. Hearne sobre sueños lúcidos, y su excesivamente detallada tesis doctoral. No tenía demasiado que ver con lo que yo estaba viviendo, pero esperaba encontrar alguna relación entre las habilidades para controlar los sueños y ser consciente en ellos, los sueños lúcidos, y el poder mantener mi personalidad en medio de los encuentros con Madison. Si lograba alguna pista, quizás podría empezar a hacerle por fin las preguntas correctas para desentrañar aquel misterio.

Los ojos, los ciclos, el estado anímico del paciente… resultaba curioso que hubiera que esperar hasta los años setenta para empezar a ver trabajos científicos importantes sobre algo tan enigmático como los sueños. Nada de lo que había leído daba explicaciones sobre los nuevos datos que me había confiado Madison cuando todavía se me presentaba con forma de ninfa. Las posibilidades de que salvar a aquella niña francesa hubiera sido una coincidencia me parecían ridículas; por otro lado el hecho de que mi ninfa supiera mi futuro no acababa de dejarme del todo tranquilo. Planteaba varios dilemas poco originales sobre mi libertad de acción en mi propia vida. Claro que salvar a una niña de morir ahogada no era algo que hubiera que pensar demasiado, pero si en los siguientes sueños me decía algo con una respuesta menos urgente ¿afectaría eso a mi reacción?

Ya que tenía esos poderes de omnisciencia sobre mi futuro, además de un cuerpo perfecto, quizás podríamos organizarnos para hacer algo interesante. Podría andar por el mundo resolviendo crímenes antes de que se produzcan. O quizás podría darme el impulso que me falta en mis operaciones bursátiles para entrar en la lista de multimillonarios; supongo que construir orfanatos con la mitad de los beneficios lo haría todo algo más ético.

Comencé a tomar notas metódicas sobre algunas de las claves para mantener el control en los sueños. No eran técnicas demasiado difíciles y buscando información sobre esto, también conseguí encontrar algo más sobre la elección de los sueños. Puede ser que las visitas de mi ninfa también dependan de ella, pero estando dispuesto a encontrármela todas las noches haría que ella solo tuviera que recorrer la mitad del camino hasta mí. No estaba del todo satisfecho... Si el tiempo no es lineal en los sueños, habría podido soñar tres noches seguidas con momentos distantes entre sí.

Esa noche estaba demasiado cansado para poner en práctica todo lo que había aprendido, no obstante, soñé con ella otra vez. La misma playa, pero en una zona más alejada... igual paisaje, salvo que esta vez yo controlaba algo más lo que pasaba. Mi sirena aún no había aparecido y aproveché para darme un baño. Comprendí que mi primera impresión sobre la fauna y flora de aquel lugar no había sido del todo exacta, ya que sí había más seres vivos que los caballitos de mar o las bolas naranjas. Me impresionó una especie de fuegos de san Telmo o fuegos fatuos también de color violeta anaranjado que se movían por las alturas como si estuvieran jugando unos con otros. Uno de ellos descendió hasta donde yo estaba nadando y me traspasó a la altura del pecho sin que yo notara absolutamente nada. A pesar de estar más consciente en ese sueño, la sensación de seguridad total se mantenía... Era increíblemente reconfortante sentirse así de protegido. Cuando miré hacia la orilla pude ver a Madison que me observaba con una expresión de ilusión dibujada en su preciosa cara. Me apresuré a nadar hacia ella y al salir del agua volví a darme cuenta de otro detalle, por alguna razón no tenía frío. No es que me importara demasiado en aquel instante, pero era curioso no sentir el cambio de temperatura. Me arrodillé ante Madison y le besé la mano en un gesto motivado casi por completo por la necesidad de demostrarme a mí mismo que en esta ocasión yo tenía el control de lo que estaba pasando. Ella me miraba de forma divertida. Me dijo que le recordaba bastante a cuando llevaba armadura y espada, que la besaba exactamente igual. No dejé pasar la oportunidad y esta vez sí le pregunté a qué se refería:

-Madison, ¿qué puedes decirme de lo que estamos haciendo aquí? Intuyo algunas cosas pero tengo tantas preguntas que hacerte... ¿podemos empezar por lo de mi armadura? :O No es necesario abreviar en detalles, estoy bastante perdido desde que comenzamos a vernos.

-Sí Daian, me gustaría contártelo todo, pero en esta forma de sirena no podré desvelarte lo que está pasando... tan solo una parte, es lo que yo sé. Interrumpiré el relato de mis recuerdos con besos... espero que estés de acuerdo ;)

-Me parece una idea magnífica Madison... tengo que pedirte perdón por el nombre que te he dado, resulta que es de una película :D

-¿Qué es una película?

-Errrr... es como un grupo de personas, que se juntan para escenificar una historia para el público... No es real, es un entretenimiento... a veces se aprenden cosas con esas historias.

-Hmm... Recuerdo que te gustaba que fuéramos a ver esas escenas tras los combates, una de mis hermanas actuaba de bailarina en algunas ocasiones. ¿Lo recuerdas Daian?

-No, lo siento Madison :(Espero que no estés triste por mi falta de memoria...

-Hih hih :) Qué gracioso... por no recordar, tampoco recuerdas que nada de lo que tú haces me puede poner triste. Es como si volviéramos a conocernos de nuevo. ¿Quieres que te cuente esa historia "caballero de los 3 soles"? :)

NOTAS SOBRE EL RELATO DE MADISON: LOS 3 SOLES

-Buscar más sobre las posibilidades de planetas poblados por humanos... ¿es realmente probable que la evolución de simio a homo sapiens ocurra en otros mundos con otras atmósferas? ¿También tuvieron dinosaurios y mamíferos antes de tener monos y luego humanos?-

Sayen Dhar, es el planeta donde Madison sitúa la historia. A pesar de que habla despacio y claro, temo interrumpirla y que se acabe el sueño antes de saber el final de la historia... Según parece, este planeta que describe está poblado por humanos, entre ellos nosotros dos. Todo es distinto a la mayoría de cosas que hay en la tierra, lo cual no resulta lógico; si estos seres son humanos, tienen que obedecer las reglas de la antropología, y muchos de los detalles que ofreció Madison se apartan de ese camino. Algo me hace sospechar que los humanos no son originarios de ese planeta… quizás tampoco seamos originarios del nuestro.

La división política parece una especie de meritocracia autogestionada. Recuerda algo a los gremios, el funcionamiento de un colegio de abogados o algo así, pero aplicado a un planeta entero resulta exagerado. En esa especie de realidad soy algo similar a un caballero de protección que lucha contra los excesos de otras razas de humanoides presentes en el planeta y curo enfermedades… una extraña mezcla entre caballero y médico. Uso una especie de látigo hecho con trozos de un material ligero que cambia de forma y se enrolla en un escudo haciendo encajar los extremos de cada pieza. A pesar de que en mis sueños Madison usa la palabra "caballero", parece una traducción aproximada que hace mi mente, ya que en ese planeta no hay caballos, ni ella sabe lo que son. Como médico debo preparar brebajes, realizar técnicas para aliviar el dolor de los pacientes y moverme continuamente para garantizar la seguridad de toda una zona asignada a nuestro "gremio" para su protección.

Resulta sorprendente que no haya rivalidades entre los distintos gremios y que los casos en los que intervengo no estén motivados por causas que me sean familiares. Si los robos o los asesinatos por locura o psicopatía no existen en ese sitio... solo puede significar una variación de la naturaleza humana. No hay ejemplos en mi vida consciente de sociedades que no tengan enfermedades mentales, ladrones, asesinos o abusos de poder movidos por el beneficio personal. Podría explicarse por un aprendizaje ético más desarrollado o una filosofía vital elevada, pero aun así no me cuadra con lo que he aprendido sobre mis congéneres. Las otras razas de humanoides no me interesan demasiado, no parecen ser importantes en el planeta y por su descripción parecen sacados de alguna serie con poco presupuesto para efectos especiales.

Si hay solo once gremios, podría querer decir que hay muchos menos habitantes en el planeta que en la Tierra. También indicaría un tamaño menor, dado que el número de zonas aplicado a mi planeta daría como resultado que un gremio de caballeros protegería y curaría enfermos en una región tan grande como China o Australia. No resulta descabellado pensar que si pueden maniobrar por esas zonas mediante embarcaciones o transportes terrestres limitados, el planeta es incluso más pequeño que la Luna. Por lo que he podido entender del relato, no están tecnológicamente tan avanzados como nosotros, pero sus preparaciones de curación son más eficaces... o bien las enfermedades son más limitadas que en la tierra, lo que indicaría o bien una purga al estilo espartano a lo largo de su historia reciente, o bien planea de nuevo la sombra de la manipulación genética de la especie. Es imposible un planeta de humanos normales donde nadie lleve gafas, sufra enfermedades que no se curen con un preparado de hierbas o no nazcan niños con algún trastorno motriz por ejemplo. Todo resulta excesivamente simple para los parámetros a los que estoy acostumbrado, lo cual me hace sospechar que algo raro sucede en aquel sitio tan simple.

El relato de Madison se ve interrumpido por sus besos en varias ocasiones, y a pesar de querer conocer más y más sobre lo que está pasando me niego a resistirme a sus encantos. Es como si cada uno de sus besos me llenara de vida. En ocasiones frota su nariz con la mía o recorre mi mejilla con su mentón… son pequeños detalles que me hacen recordar que esa forma de ser acariciado proviene de otros sitios. Cada caricia me resulta poco a poco más familiar que la anterior… el recuerdo lejano de sensaciones ya vividas.

Ella me acompaña en algunas de las misiones de curación, y por lo que he entendido, no me paso el día luchando con ese látigo sino arreglando conflictos con la esporádica posibilidad de usar la fuerza con las otras razas de humanoides que parecen moverse algo más por impulsos. Sé que debería interesarme más por lo que he hago, he hecho, o quizás vaya a hacer en ese planeta pero durante todo el relato me acompaña la extraña sensación de que falta algo. Nunca había pensado en la Tierra como si fuera un planeta avanzado, pero no puedo evitar concebir la idea de que tres o cuatro bombas atómicas podrían destrozar ese mundo y todas sus maravillas por completo... Es algo que me da escalofríos.

Madison continúa su relato tras poner la punta de su lengua dulcemente sobre mi párpado derecho... como una gatita; nuevas formas de mostrar cariño a las que cada vez me acostumbro más fácilmente. ¿Será cosa suya o quizás sea la costumbre en esos otros sitios en los que hemos estado? Justo cuando iba a contarme lo de su hermana bailarina y lo de esa especie de teatro dice:

-Debemos dejar el relato aquí... vas a despertar ;)

-¡No! ¡Espera! ¿Cuándo volveremos a vernos? ¡Te necesito!

Tras un último beso y juntar las puntas de nuestros dedos... suena el timbre de la puerta. Esa mañana me aseguré de que el cartero dejara futuros avisos de paquetes en el buzón. En serio, puedo ir a recogerlos a la oficina. No es necesario despertar a la gente a las ocho de la mañana para entregárselos en mano. Especialmente cuando estropean el final de una historia como esa. Había tantas cosas que seguían haciéndose de forma antigua porque nadie se había dado cuenta de los nuevos caminos... Un email diciéndome que fuera a por mi paquete a la consigna más cercana habría ahorrado espacio y peso en la bolsa del cartero.

CAP 5

A medida que iba recordando más detalles del sueño, los iba apuntando. Siempre con el miedo de estar añadiendo detalles de mi subconsciente en medio del relato, pero incapaz de dejar de pensar en la nueva pieza del puzle que Madison me había entregado. En realidad parecía como si ella misma no fuera capaz de contármelo todo de golpe... como si también a ella le faltaran piezas del relato. Había mencionado algo sobre ser incapaz de darme más respuestas en su forma de sirena, lo cual llamaba poderosamente mi atención. ¿Le pasaba a ella lo mismo que a mí cuando había olvidado como nadar? ¿Y si ella también estaba soñando en una cama en algún sitio? Enseguida descarté aquella opción... habrían bastado un par de sueños para que me hubiera revelado la gran noticia: "yo también estoy soñando en un pueblo de las afueras de Ontario... ven a verme". Sin embargo no fue así. Yo era el único que parecía llegar a nuestras citas por medio de sueños... es como si ella ya estuviera allí o llegara por otros medios.

No paraba de darle vueltas a los pedazos de información que había recogido hasta entonces durante nuestros encuentros. La transición de ninfa a sirena ¿era un paso hacia adelante o hacia atrás? Ella recordaba lo que habíamos hablado en sueños anteriores, pero eso no tenía sentido con el hecho de que no pudiera darme tanta información como cuando era una ninfa. Su personalidad también había cambiado ligeramente... como ninfa era un poco más tímida y quizás también algo más distante. En cierto sentido eran dos chicas totalmente diferentes aunque seguían siendo la misma persona. Me ocurría lo mismo a mí... aquel hombre atlético de pelo largo incapaz de nadar o de hacer las preguntas necesarias era, en ciertos aspectos, más limitado que mi versión consciente, y a la vez poseía una inocencia que todavía conservaba, aunque atenuada por el control que ahora tenía sobre mis sueños. ¿Una personalidad luchando contra otra? No parecía que fuera así. Dos personalidades complementarias quizás.

Era reconfortante estar envuelto en ese sentimiento tan pacífico y la nueva aura de inocencia que poseía, al menos en esos encuentros, me parecía muy adecuada para acercarme a Madison. Mi versión consciente tenía una naturaleza violenta y salvaje que yo consideraba no solo innecesaria en los lugares con los que soñaba, sino que en cierto modo me avergonzaba pensar que la nobleza que se desprendía en sus palabras sobre aquel caballero con látigo no estuviera presente en mi yo actual. No era por miedo a que ella me amara menos... por alguna razón desconocida, tenía la total seguridad de que su amor sería invariable hiciera lo que hiciera. Era más bien miedo a no ofrecerle en mi versión actual, lo que habría podido darle aquel caballero o cualquiera de las otras versiones que ella recordaba. Ni siquiera era capaz de recordar cómo eran nuestras caricias... que hacíamos juntos por aquel entonces, y aunque ella me miraba risueña y le encantaba sorprenderme con cosas que eran totalmente nuevas para mí, la presión de no estar a su altura era algo que empezaba a revelarse en mis pensamientos.

-Madison... además del caballero ¿qué más he sido? Tú eres una sirena... ¿he tenido yo algo que ver en este mundo?

-Hih hih :) Sí... ¿Te apetece que te cuente esa historia?

-Sí por favor... Cada nuevo relato me ayuda a darle sentido a estos sueños...

-Vale... pero antes te voy a sorprender :D ¡Intenta cogerme!

De repente, su aleta comenzó a separarse y en un instante se formaron dos piernas increíblemente estilizadas. En efecto era una sorpresa, y aunque mi atención debería haber estado en las historias, o en las preguntas sobre cómo y por qué desaparece su aleta... su culito era hipnótico, al ver alejarse por la playa a aquella figura esbelta y elegante con su precioso pelo rojo, supe que nada más alcanzarla haríamos el amor; la pasión por ella era mucho más fuerte que mi curiosidad por lo que estaba descubriendo.

-Daian… yo… eso es nuevo…

 Se sonrojó de forma encantadora. Aparentemente había un par de cosas nuevas que había aprendido en mi vida consciente que mis otras versiones no parecían conocer. ¿Acaso me faltaba imaginación en esas otras vidas? Madison pareció apreciar las… novedadades… Tras acariciar su cuerpo desnudo y hacer el amor entre besos y sonrisas, intenté sorprenderla de nuevo con más ideas interesantes. Secretos que quedarían entre nosotros. Me encantaban sus suspiros, sus suaves gemidos de aprobación, la forma en que me abrazaba haciéndome saber que era feliz conmigo.

-Algún día tenemos que probar a hacer el amor cuando tienes cola ;)

-Hih hih… se llama aleta y ¿cómo esperas lograrlo? ¿No ves que faltan cosas? Para eso entre otras razones está la transformación tonto :p

-Aaaah… ¡qué pena! Una fantasía que se desvanece… Háblame de esta versión de nosotros mientras te hago un masaje.

-Un ¿qué?

-Hmm… empiezo a tener un renovado aprecio por mi vida consciente… déjame que te lo enseñe.

-Vale… pero que no sea como las novedades de antes… o estaré demasiado distraída como para seguir adelante con la historia :p

NOTAS SOBRE EL RELATO DE MADISON: Otro mundo raro con humanos

-Investigar más acerca de las posibilidades reales de cambio de órganos y apéndices… Resulta muy extraño que haya vida humana capaz de cambiar la forma de sus extremidades. Si mantienen la parte superior intacta ¿Cómo hacen para alimentarse debajo del agua? Si no comen carne ni pescado no hay razón para que tengan la misma dentadura con colmillos o muelas ¿Qué mecanismo evolutivo habría creado ese tipo de mutación y para qué? No me imagino escuelas de niños tritón leyendo libros debajo del agua… ¿Cómo se comunican y aprenden rodeados de agua?-

Mientras masajeaba el cuerpo de mi sirena pelirroja, me contó cómo nos habíamos conocido en aquel planeta. El sitio que visitaba en sueños no era el mismo en el que nos habíamos encontrado. Algunas de las preguntas que tenía acerca de la naturaleza de las sirenas se fueron aclarando poco a poco a medida que ella hablaba… No podía evitar pensar en nuestra ausencia de vello corporal; mi piel era más suave en aquellos sueños, pero la suya era simplemente increíble… No tenía ni un solo lunar, ni un solo defecto o arruga, era perfecta en todo. Adorar aquella criatura era un privilegio... no sabía apenas nada, pero la habría seguido al fin del universo. Ella continuaba su relato lleno de gestos inocentes, mientras yo me perdía en sus elocuentes palabras. No había que fijarse mucho para deducir que fuera como fuera, Madison estaba acostumbrada a expresarse de forma inteligente; pero yo no sabía si eso significaba que su pueblo de tritones y sirenas se pasaba las tardes conversando, o bien que al igual que yo, ella también tenía influencias de sus otras vidas y experiencias.

Había perdido el principio de la historia admirando su cuerpo desnudo, al fin y al cabo en un sueño era difícil prestar atención y más en un paraíso era el estar con ella. Mis esfuerzos por concentrarme eran titánicos y no podía parar de sonreír sintiéndome tan afortunado. Cuando retomé la atención por la historia, ya iba por la parte en la que barcos con velas semitransparentes y cubiertas de extraños materiales azules, se adentraban en una de sus primeras incursiones en las tranquilas aguas donde sirenas y tritones se habían establecido.

Resultaba extraño que el impulso por explorar los mares hubiera surgido después de desarrollar materiales como aquellos y no al revés. El relato de Madison encajaba por momentos con las historias de marineros europeos del siglo quince pero solo en puntos esporádicos. Por lo demás, aquellos marineros eran totalmente extraños en sus formas y costumbres, más parecidos a exploradores curiosos que a los sabios marineros de mi mundo. El hecho de que tuvieran esa profesión, incluso si eran exploradores de alguna clase, indicaba que en el planeta sí había fauna suficiente como para pescarla o al menos para sobrevivir una travesía en barco. Yo era un marinero a bordo de uno de estos navíos. Una especie de oficial menor en una embarcación pequeña, dos o tres escalones por debajo del capitán.

Cuando la nave estuvo en las limitadas y protegidas aguas de las sirenas, fuimos atacados por un grupo de tritones. Eran especímenes jóvenes, que sin duda no habían visto un barco en su vida. El capitán tampoco había visto jamás a un ser mitad pez, mitad hombre y dio la orden de devolver el ataque… Otro oficial y yo nos negamos a cumplir la orden, intuyendo el peligro de las imprevisibles consecuencias, y en parte fascinados por este nuevo descubrimiento. Lo que parecía que iba a acabar en una guerra a bordo del barco, o en una carnicería de extraños seres acuáticos se resolvió con un emotivo discurso del otro oficial en el que instaba al hermanamiento entre pueblos, abogaba por obsequiar a esos seres con objetos y comida… y me dejaba a mí en una situación bastante anticlimática. Por alguna razón esperaba algo del estilo de: "no… ¡no haréis daño a esa sirena!", frase seguida de un heroico rescate por mi parte. En lugar de eso los marineros y los tritones compartieron un encuentro amigable aquella noche sin entenderse lo más mínimo, unos estaban acostumbrados al uso de la telepatía debajo del agua, los otros escuchaban todo pero respondían con palabras que eran extrañas para aquellos seres. Madison y yo no habíamos dejado de mirarnos en ningún momento, y sin una sola palabra supe que aquella criatura era lo que había estado buscando desde mi nacimiento en aquella vida... mi razón subconsciente para surcar los mares y mi anhelo más profundo en las innumerables noches que había pedido una respuesta a las estrellas de aquel cielo violeta y profundo.

Comenzaba a entender lo que era el sitio con el que soñaba. Madison me había llevado esa noche tras la cena a una especie de inmenso lago con multitud de islas internas. Estaba rodeado por enormes formaciones rocosas con una textura y color similar al cuarzo rosa. Era totalmente inaccesible para unos seres humanos como los de aquella realidad, incapaces de sumergirse bajo el agua, volar o tener interés por una zona como aquella. No podía dejar de darle vueltas a la idea de la evolución humana... Pensaba en los egipcios y en cómo su vasta y rica cultura se mantuvo estable durante miles de años hasta que alguien prende la mecha de un progreso imparable que culmina en máquinas voladoras, armas capaces de destruir planetas enteros o satélites con el poder de fotografiar cada palmo del planeta. Aquella gente estaba a salvo de todo eso y parecía que aún lo estarían por algunos siglos.

Lo más difícil para mí, fue que nada resultara como yo lo había esperado… Tras un pequeño susto inicial por ambas partes, las dos culturas se habían entendido a la perfección. Era tan increíble pensar en esas versiones de seres humanos despojados de los impulsos de dominio, conquista, o sed de poder. Ni siquiera me parecía lógico. No me avergonzaba demasiado que mi primer pensamiento hubiera sido el tener tres o cuatro sirenas esclavizadas en una gran pecera obligándolas a formar un acuario bastante entretenido. Fue un pensamiento que me hizo sonreír maliciosamente. Jamás habría sido capaz de hacerle algo así a una criatura tan hermosa y llena de inocencia, pero podía pensar en muchos humanos de mi realidad que hubieran aplaudido mi idea. Empecé a sospechar que la Tierra era o bien el estercolero donde habían metido a todos los que, como yo, teníamos esos pensamientos como primera opción y debíamos luchar contra ellos, o bien el sitio en el que algo fue increíblemente mal y acabaron todas las criaturas, incluyendo los humanos, matándose unos a otros a lo largo de la historia.

Quizás esas sociedades de caballeros, o marineros y sirenas no habían sido expuestas a la brutalidad de nuestro planeta. Intenté relacionar aquello con la apacible vida de pueblos pequeños donde todo el mundo se conoce y deja su puerta abierta, solo para descartar la idea segundos más tarde; en esos pueblos suelen suceder los crímenes más brutales. Si yo mismo era capaz de imaginarme quitándole la vida con gusto a otro ser humano que quisiera hacer daño a mi sirena... o sonreía ante la fantasía de meter a sus amigas en una pecera ¿cómo habían hecho esos otros planetas de los que hablaba Madison para ser tan puros y primitivos al mismo tiempo, sin que ellos mismos lo supieran? ¿Eran totalmente ajenos a la brutalidad o simplemente había tomado otras formas?

El lago de mis sueños era ese sitio reservado solo a aquellos que pueden acceder a él debajo del agua por sus propios medios, o con ayuda especial. El agua no era el problema, ya que se podía respirar cierto tiempo debajo; la baja concentración de oxígeno hacía que te encontraras cansado tras permanecer más de diez o doce minutos debajo, pero ahogarse en los mares de aquel planeta habría sido realmente difícil. Esto me hacía preguntarme por qué sirenas y humanos no habían coincidido con anterioridad a mi expedición, que semejaba ser pionera. Podía recordar lo difícil que había sido encontrar enormes simios como los gorilas o los orangutanes a pesar de que los humanos pueden adentrarse caminando en selvas y bosques. Pero por alguna extraña razón, la comparación no acababa de satisfacerme en dos especies claramente relacionadas.

Ese había sido el primer encuentro con mi sirena… no la salvé de ningún peligro, nuestras culturas se entendieron con mutuo entusiasmo y surgieron las parejas mixtas casi al instante, por lo que ni siquiera éramos excesivamente originales. Me habría gustado preguntar acerca de la descendencia que tuvieron esas parejas, los mecanismos que regían la transformación de las extremidades o el tiempo que tardaron en aprender la lengua de los otros. Un planeta hablando solo dos lenguas era algo que, de nuevo, iba contra lo que yo sabía acerca de los idiomas, sus cambios, cómo surgen otros nuevos y se mezclan con el tiempo… Pero Madison era tan encantadora cuando explicaba cosas que no pude resistirme a acabar el masaje con unos cachetes tras morder su culito, hasta que se quejó de esta otra novedad aprendida en la Tierra. Echamos a correr por la playa y un escalofrío golpeó mi cuerpo por un instante… Empezaba a intuir algo a lo que no acababa de darle forma en mi mente…

-Daian, empiezo a sentir algo extraño :(

-¿A qué te refieres? :O

-Los sueños… Han empezado por una razón. Has comenzado un viaje y quizás tengas que continuarlo en otro sitio…

-Yo… no tengo ni idea de lo que está pasando con estos sueños Madison… ¿Qué debo hacer en ellos? ¿Solo verte? ¿O tengo algún propósito? ¿Tengo algo que hacer en este mundo?

-Hmm… Aquí todo está bien Daian. Aunque quizás tengamos que separarnos pronto… ¿No lo sientes? Como si este fuera nuestro adiós :O

-¡Qué poderes más raros tienes! :p Vengo aquí en sueños. ¿Por qué tendríamos que separarnos ahora Madison?

-Puede que tengas que cumplir tu destino en otros mundos… Que esta haya sido la calma antes de la tormenta :(

-Pero seguirás siendo tú… en forma de ninfa, de sirena o lo que sea… :)

-Sí… pero es triste no tenerte aquí :(

-¿Qué pasará con este cuerpo cuando yo no esté? ¿O estamos soñando los dos?

-¡No tonto! Aquí solo sueñas tú :D Cuando vuelves a tu realidad, aquí eres el mismo que has sido siempre… pero echo de menos esa parte de ti que se va :(Es raro… ¿verdad?

-No… te entiendo… A mí me pasa algo parecido. Me encantaría poder estar a la vez contigo cuando eres una ninfa, ahora cuando eres una sirena… No quiero perderme ninguno de nuestros encuentros Madison.

-Hih hih :D Tendrás que ir cambiándome el nombre… No puedes llamarme Madison en todos :p de ver... el amor. No era el amor realmente, sino la motivación y las consecuencias sociales del neoclasicismo y del romanticismo. Otra clase para la que habría necesitado la ayuda del Sr. Poppy.

Cuando estaba a punto de entrar en el aula, noté que en el pasillo, uno de mis alumnos estaba siendo agarrado por la muñeca de forma poco tranquilizadora por un individuo de gran estatura. Estaban discutiendo en voz baja, pero era obvio que aquella situación se les estaba yendo de las manos. El hombre hizo un ademán con la mano que no presagiaba nada bueno. Me acerqué de forma rápida y tranquila y me interpuse entre los dos con una sonrisa.

-Entre en clase por favor, y usted... sea tan amable de comportarse de forma civilizada.

-¿Quieres ver cómo te doy hostias por ser un imbécil que...

Era algo que se me escapaba... Nunca había sabido comportarme en esas situaciones donde la violencia va escalando poco a poco. Mat soi dao al mentón y low kick a la corva de la rodilla... Era el problema de la gente excesivamente alta. Sus corazones fallaban antes, sus reacciones eran más lentas y sus articulaciones estaban sometidas a más presión... se rompían fácilmente. Avisé al personal de seguridad de la universidad. Los dos hombres me miraban como si no me reconocieran; como si la imagen de profesor culto y pacífico se hubiera roto en mil pedazos en sus mentes. No lo veía incompatible… El conocimiento es poder, la capacidad para imponer mi voluntad en situaciones como aquella era algo que iba por el mismo camino.

Ni me molesté en preguntarle al alumno la razón de aquella pelea. Un padre decepcionado, un novio cabreado, no me interesaba lo más mínimo. La clase fue tan tediosa como me la había imaginado en mi mente. Las mismas ideas vacías sobre el amor sacadas de series o películas de dudosa utilidad. Resulta extraño tener que explicarle a gente formada, que el concepto del amor romántico no se inicia con el romanticismo en el siglo dieciocho.

-Pero profesor… ¿No es verdad que antes los matrimonios eran intercambios por interés?

-Antes ¿cuándo? Lo que intento explicarles es que nunca ha existido un antes y un después ni en la concepción del amor ni en los matrimonios por interés. El hecho de que hayan sido socialmente mejor vistos en el siglo XIV que en el XIX, no significa que el amor surgiera con ese movimiento social o que hoy en día los matrimonios por interés hayan desaparecido.

-Ya pero… en la edad media no existía ese amor con corazones, ero todo más frío.

-Comprendo que sea tentador cargarse la idea del amor romántico para no tener que entrar a valorar sus variables, sus efectos o el porqué de su ausencia en nuestras vidas. Antes de comprarse un perro y empezar a hacerse fotos besuqueándolo como sustituto, hay que recordar que el amor como tal, tiene una función antropológica destinada a encontrar la mejor pareja para nuestra combinación genética. Aunque no entremos en niveles de pensamiento más elevados, creencias filosóficas o debates lógicos sobre la felicidad que da saberse complementado y amado... es indiscutible que en las tragedias griegas, los relatos de las Mil y Una Noches, la Biblia o las mitologías de todos los pueblos, el amor romántico ya existe en las mismas condiciones que en el romanticismo dieciochesco.

-Errr... Y ¿Qué da nombre al periodo?

-El hecho de situar al amor como elemento central y absoluto. Es cierto que Shakespeare, por poner un ejemplo que ustedes conozcan, ya escribía sobre el amor romántico en Romeo y Julieta, por seguir en la misma línea; pero el autor se pasa más tiempo matando personajes y regodeándose en la tragedia, que centrándose en cómo el amor trae la felicidad a sus vidas. No espero que cambien ustedes su opinión personal sobre por qué no son capaces de amar, ser amados, ser felices o sentir con su novio o novia lo que se describe en esas historias... Mi única obligación es asegurarme que comprendan que ese sentimiento es real, constante en toda la trayectoria humana, explicado por la ciencia, y gran motivador de episodios históricos reales e imaginarios. Pueden dudar de las motivaciones de Paris y Helena en la Guerra de Troya, pero lo que está meridianamente claro es que si el poeta que escribe la historia puede sentirlo y describirlo, el amor es tan real como el odio. Hablando de odio, odiaría retenerlos aquí más tiempo del necesario :) Acuérdense de que el jueves tienen el examen.

De camino al entrenamiento de Muay Thai pensaba en todo. Cómo alguna gente prefería negar algo tan obvio como el amor, por miedo a sentirlo y hacerse daño... ¿Qué tendría que hacer en mis siguientes sueños? ¿Cómo iba a disimular aquel golpe en mis nudillos? No me gustaba la idea de explicarle a los compañeros de entrenamiento que había destrozado a otro ser humano tras cruzar dos palabras con él. Era una de las pocas cosas que me convertían en hipócrita. Procuraba decirle a todo el mundo que la violencia debía ser el último recurso, cuando lo cierto es que he tenido esos impulsos asesinos desde pequeño. Intentaba moderarlos como podía, pero no me habría deshecho de ellos hasta estar seguro de que el mundo se había vuelto un lugar pacífico y agradable donde todo se resolvía amigablemente.

Aquella noche volvía a soñar con Madison; esta vez en forma de ninfa. Me encontraba de nuevo en el bosque de mis primeros sueños y por fin podría encontrar alguna respuesta ahora que sí controlaba mejor mis acciones en los sueños que tenía. No sé por qué exactamente, pero mi primer impulso fue romper a llorar. Sabía perfectamente que Madison y mi ninfa eran la misma persona, pero echaba de menos sus rasgos de sirena, su actitud risueña, su hermoso pelo rojo… Por primera vez era consciente de que mi apariencia resultaba extraña y futurista en ese bosque. Todo era natural y muy parecido a la vegetación de mi realidad, pero ya no me sentía a salvo. Quizás un reflejo subconsciente de los peligros que existían en las zonas naturales que había conocido en la tierra. Me detuve y observé con calma mi atuendo. Los materiales eran sintéticos y extrañamente diseñados. Se ajustaban a mi cuerpo sin aprisionarlo al contrario que la licra o el látex, resultaban muy cómodos y parecían resistentes. Portaba una especie de bolsa cónica integrada con el traje en mi hombro izquierdo y en su interior había artículos que me hacían pensar que esta vez no formaba parte de una sociedad primitiva.

Empezaba a estar nervioso. Mi ninfa no aparecía por ningún sitio y el sueño se llenaba de una inquietud especial… el preludio de un peligro oculto. Comencé a andar en dirección a una gran cascada donde el agua caía de forma ligeramente más lenta que en la Tierra; todo allí parecía muy natural y no había rastro de civilización. Mis botas eran muy cómodas; podía notar como el interior se adaptaba a mis pasos antes de que los realizara, y a cada paso un ligero movimiento de compensación hacía que andar resultara menos costoso. Con gusto me habría detenido a examinar todos los componentes que formaban mi traje, pero mis preocupaciones aumentaban con el paso del tiempo. Aquel sueño era distinto a todos los anteriores.

Tras algo más de media hora de camino por un bosque escasamente poblado, conseguí descender hasta el valle donde se resguardaba un afluente de la cascada que, imaginé, me llevaría hasta ella. En los últimos pasos de la bajada me falló el pie de apoyo al resbalar en una especie de musgo fino y me preparé para la caída... no hizo falta. Algo en el traje se recalibró oponiendo una especie de resistencia magnética al impacto, y volví a estar erguido sin mayor contratiempo. Me preguntaba qué más sorpresas guardaba aquel traje, pero mi atención se centraba en descubrir por qué mi instinto me llevaba hacia la cascada, qué le había pasado a mi ninfa y cuándo entraría en acción el peligro que presentía. No recordaba nada de esto en los sueños anteriores del bosque... todo había cambiado a peor.

Ya podía divisar el nacimiento de la cascada, y antes de llegar allí pude dar forma a mis presentimientos. Intuía un peligro escondido tras los arbustos que rodeaban el lugar y por alguna razón no sentí miedo al acercarme. El emblema del traje situado en la pechera izquierda comenzó a emitir un leve sonido de alerta y comenzó a hablar en un idioma rápido y extraño. Las palabras se sucedían a una velocidad mucho mayor que cualquier idioma que hubiera escuchado en la Tierra... La mente de aquellos hablantes debía trabajar a un ritmo mucho más elevado que la mía. Cuando estuve justo enfrente de la cascada comencé a ver figuras humanas que me rodeaban armados con lanzas y espadas extrañamente familiares. Vestidos con togas, aquellos hombres parecían dispuestos a acabar conmigo movidos por un odio que iba más allá de lo razonable para un primer encuentro. Mi mente comenzó a atar cabos rápidamente y me preparé para un combate que parecía perdido de antemano.

El traje seguía emitiendo sonidos de alerta y hablando en ese extraño idioma. Los tres hombres situados detrás de mí, coordinaron un rudimentario ataque que recordaba al de los extras de cine en películas del oeste. Era la primera vez que tenía ocasión de probar si mi afición por las artes marciales podía sacarme de un problema serio de verdad. Finta, esquiva lateral... codazo al atacante de la izquierda. Agarro la túnica del segundo, lo empujo a un lado y golpeo su tráquea con un golpe seco. Uno de los asaltantes me alcanza en la pierna con el extremo sin punta de su lanza y cuando estaba a punto de utilizar el impulso de la caída para el siguiente movimiento, el traje se volvió loco... De los lados de uno de los antebrazos salieron unos insectos metálicos disparados hacia cuatro atacantes y el emblema del pecho comenzó a emitir unas vibraciones que solo podía sentir a partir del codo... era como si la vibración se proyectara a partir de cierta distancia. No hizo falta esperar a ver los resultados. Los hombres que habían sido alcanzados por los insectos yacían paralizados en el suelo con la mirada perdida. Los demás se convulsionaban bajo los efectos de la vibración. Empecé a hacerles preguntas en mi idioma, pero todos parecían incapaces de moverse, o bien de dejar de hacerlo.

Lo único que había conseguido con mis preguntas era que el traje empezara a hablar en mi propia lengua. Tenía una gran cantidad de fallos sintácticos y de vocabulario, lo cual me dio una nueva pista sobre mi situación. Si yo hubiera querido crear un diccionario de alguna extraña lengua extinta basándome en las pocas referencias que hubiera, me habría salido algo parecido a lo que hablaba aquel traje... que incluso en otro idioma mantenía una velocidad demencial. El hecho de que el traje tuviera ese programa de comunicación entre sus funciones indicaba un contacto con los idiomas hablados en mi realidad. Me habría inclinado hacia el contacto directo o el estudio de las lenguas de nuestro planeta, pero esas construcciones forzadas y esa pronunciación artificial me orientaba más hacia la idea de que la civilización a la que pertenecía aquel traje y ese nuevo yo, habían compaginado aquello mediante datos fonéticos y gramaticales ajenos a cualquier ejemplo de uso real del idioma.

Teniendo en cuenta que las emisiones de radio y televisión llevaban viajando por el espacio desde el siglo veinte y que los artífices de aquel traje probablemente habrían desarrollado las antenas antes que los insectos metálicos paralizantes, la deducción más lógica era que mi realidad y esta estaban separadas por más años luz de los que tardarían en llegar las emisiones de nuestros programas a ese lugar. No era la primera vez que pensaba en ese tema... y en cómo nuestras propias ondas de radio y televisión indicarían nuestra posición a nuevas civilizaciones sobre las que no conocíamos absolutamente nada. Con el paso de los años las ondas avanzarían descartando en su trayectoria más y más sistemas desde donde no habría de venir una invasión a la Tierra, quizás por falta de tecnología, o quizás por carecer de interés.

Mientras me ocupaba en mis pensamientos sobre los nuevos sitios que estaba visitando, los atacantes habían dejado de convulsionar y ahora todos se encontraban inmóviles, aunque con vida. Inspeccioné detrás de la cascada, donde se encontraba mi ninfa inconsciente... sus hermosos y pálidos brazos atados por una gruesa cuerda. Me alegré de llegar a tiempo de parar todo aquello, parecía que solo habían llegado a colgarla delicadamente detrás de una cascada.

-¿Te encuentras bien?

-Sí... pero tengo mucha sed Daian :(¿Puedes darme agua?

-No te preocupes, ya estás a salvo :) Ahora voy a por un poco.

En aquel momento volví a tener presente la extraña noción de que al igual que yo cambiaba de forma, aquella ninfa delicada y tímida era también mi sirena apasionada. Algo me desconcertaba... sabía mi nombre, por lo que mantenía sus recuerdos, pero su personalidad parecía cambiar mucho más que la mía. Yo era el mismo con otro aspecto... ella era como dos mujeres en una. El traje me indicó que uno de los compartimentos tenía una tela para poner en ella agua, que quedaría limpia de bacterias, metales pesados etc. cuando me dirigía hacia la cascada continuaron las explicaciones acerca de cómo combinar esa tela con un dispositivo de condensación que absorbería humedad del ambiente y la iría transformando en agua potable. Aquel traje tenía infinidad de recursos... pero el agua de la cascada parecía una opción más que aceptable.

-Aquí tienes, bebe un poco :)

-Gracias... ¿Cómo vas a llamarme ahora?

-Es una buena pregunta... ¿Recuerdas nuestros encuentros en la playa? ¿Por qué pareces cambiar mientras yo me mantengo igual? Ahora estás tan tímida... tan frágil... y tu aspecto... ¡pareces casi una niña! :D

-Mis cambios futuros te sorprenderán más... Tú estás en un viaje
Daian... yo no... esta es mi forma de ninfa. Es difícil explicártelo...
¿Cómo divides el tiempo en la realidad de la que vienes?

-Hmmm... ¿te refieres a los grupos de días o a las horas?

-Los cambios de lunas

-Luna :O , No sé si es normal tener varias pero nosotros solo
tenemos una :) Se llaman meses... la tradición dice que hay tres
calientes, tres templados, tres fríos y tres donde hace mucho más
frío, pero a mí siempre me han parecido ocho fríos y cuatro
normales.

-Imagínate que estás en uno de los meses cálidos; puedes
recordar lo que has hecho hace dos meses, cuando hacía frío,
pero ahora tu vida es otra, te levantas cada mañana con la luz de
los soles brillando y en cierto modo eres distinto aunque
conserves tus recuerdos ¿verdad?

-Sí... pero empiezo a pensar que mi realidad llegó tarde a todos los
repartos ¿soles? Entiendo lo que me has dicho pero... ¿quiere eso
decir que si sueño con "meses futuros" siguiendo con tu
explicación... ¿no me recordarás? ¿no sabrás quién soy?

-Mi forma de ninfa recuerda los besos que te he dado como
sirena, pero mi forma de sirena no recordará esta conversación
porque todavía no ha pasado. Daian, los sueños son tu forma de

viajar hasta mí por alguna razón… yo no sé cuál es… Debes descubrirla en mis otras formas.

-¿Alguna pista sobre qué puede estar pasando y cuáles son estas formas de las que hablas? Por cierto… creo que te llamaré Lara. Siempre me ha gustado ese nombre y no sé por qué :D

-Hih hih… es mi nombre :) Me lo diste tú.

-Hmmm… sí ¿llevaba este traje? Porque es algo que me está rompiendo los esquemas. Los hombres que te ataron aquí… iban vestidos de forma más rudimentaria, y sus ropas no hablaban durante un cuarto de hora sobre el maravilloso mundo de la purificación del agua.

-Es la primera vez que te veo así vestido… pero me gusta mucho :) ¿para qué sirve todo lo que lleva? Cuando nos conocimos en esta realidad eras un vagabundo que había sido desterrado por su padre y se paseaba por el bosque tocando la flauta.

-Vaya… me alegra saber que en alguna realidad se me da bien tocar un instrumento, ¿sabes si también podía cocinar? Porque es algo que se me da horriblemente mal ahora. Una pregunta que quizás debería haberte hecho al principio Lara ¿por qué te capturaron esos hombres? ¿son reales?

-Sí Daian, todo esto es real, esos hombres son aldeanos que, por desgracia, descubrieron la existencia de las ninfas… Han estado intentando capturarnos desde hace días. No hay nada que podamos hacer :(

En aquel momento tomé a Lara por los hombros y la besé con ternura... Tanta inocencia, tanta dulzura en ella. Detuve el beso por un instante, y le pedí que no se asustara por lo que iba a pasar. Ni siquiera en aquel momento se imaginó lo que estaba a punto de hacer. Salí del interior de la cascada y le pregunté al traje si tenía algo para entender a los hombres que todavía yacían en el suelo. Se activó un dispositivo en el cuello... debería hablar despacio y no usar frases hechas o expresiones complejas si quería que aquello funcionara.

Tomé una lanza del suelo y me dirigí hacia uno de los hombres cuyas convulsiones casi habían cesado.

-¿Puedes entender lo que digo? ¿Quién más sabe de la existencia de ninfas en este bosque? Dímelo y te dejaré marchar :)

-Solo nos, nos saber a nos lugar de ninfas no secreto comisionado más personas.

-Frases cortas... ¿Me estás diciendo que solo los que estáis aquí sabéis lo que es una ninfa?

-¡Sí! Afirmación completa, afirmación completa...

-Es bueno saberlo :)

Atravesé el cuello de aquel hombre procurando que su muerte fuera rápida e indolora… Hice lo mismo con sus compañeros, hasta llegar al que me había golpeado con la lanza durante el combate… parecía el jefe de aquella piscina de sangre.

-Yo hijos posesión… súplica, súplica…

-Tendrías que haber pensado esto antes… ¿Sabes? Ese problema también lo tenemos en mi mundo. Consecuencias… nadie se para a pensar en las consecuencias. ¿Por qué crees que no te dejo marchar, te sigo hasta el pueblo y acabo con todos los que puedan suponer una amenaza? Porque no le has hecho daño a mi ninfa… Si hubiera sido así, tu muerte habría sido lenta, e imaginativamente dolorosa. Hora de decir adiós.

Tras atravesarlo con la lanza me lavé las manos en la cascada y pensé sobre lo que había hecho… Era la decisión correcta, pero me sentía tan sucio. Al girarme pude ver a Lara arrodillada de lado a la entrada de la cascada. Besé las lágrimas que caían de sus hermosos ojos. Su mirada no era de alivio por estar a salvo… sino de tristeza por haber visto lo que la Tierra había hecho conmigo. Me preguntaba qué habrían hecho mis otras versiones… ¿dejar que los aldeanos se fueran y contaran a más gente dónde estaba el bosque de las ninfas? Quizás el oficial del barco de Daian habría podido convencer a aquellos hombres con uno de sus discursos…

¿Pero no vendrían más en algún momento? Incluso ahora... la posibilidad de que la curiosidad y crueldad humanas pudieran alcanzar aquel bosque lleno de pureza me aterrorizaba. Besé a Lara nuevamente y casi por instinto, le pedí que me llevara a ver al resto de su pueblo. Ella aceptó sin dudarlo.

Por el camino me iba contando cosas sobre su infancia, los juegos con los que se entretenían y las leyendas de su pueblo. Algunas eran muy hermosas. Había una de una pareja enamorada que escapaba de sus familias y se convertían en árboles unidos, viviendo juntos durante siglos. Sonaba bastante a esos amores de familias enfrentadas... Un recurso que al parecer, no resultaba único a mi realidad. Fuimos caminando más despacio de lo habitual. Ella estaba cansada y yo deseaba alargar aquel momento el máximo tiempo posible.

-Voy a llevarte en brazos un rato... ¿Me dejas? ;)

-No... puedo caminar... :(

-Ya lo séeee, pero sabes que me encanta cuando me dejas sentirme útil :D

-Hmmm... ¿Me das un beso?

-Y varios también ;)

Continuamos el camino entre historias y besos. En medio del sueño el tiempo pasaba despacio, pero tenía la sensación de que en mi realidad había transcurrido mucho menos; como si aún acabara de dormirme hace una hora o así. Lara, en mis brazos y agarrada a mi cuello, me pidió que la posase en el suelo con una sonrisa. Su expresión me decía que estaba preparando alguna sorpresa que seguramente me iba a gustar.

-Siéntate... aún no me has visto bailar.

-Hmmm... me encantaría, pero no hay música :O

-Daian... tu traje... llevas un traje, ¿recuerdas?

-¿Crees que le han puesto música? :O

Aquel traje estaba, sin duda, lleno de sorpresas. Cuando lo pensabas, resultaba lógico que teniendo aquella tecnología, alguien hubiera pensado que la música sería un buen entretenimiento en las expediciones, o una buena carta de presentación al encontrar una nueva civilización... Ciertamente, las capacidades musicales del traje no molestaban. El nombre de la canción que Lara me dijo empezó a sonar alrededor de nosotros, como si no tuviese su origen en el propio traje. Aquella tecnología era realmente impresionante.

Comprendí al instante por qué había que estar sentado para ver aquello. Era poder en estado puro. La belleza de cada movimiento, lo sutil de cada gesto, los giros, el vuelo del vestido de mi ninfa por el aire... Todo ejecutado con una precisión que no parecía real. Era hipnótico, lleno de matices que expresaban belleza en todas sus formas. Lara bailaba con una sonrisa y sin cansarse lo más mínimo. Algunos de sus movimientos recordaban más a la gimnasia rítmica, pero elevada a una perfección y belleza sobrehumanas. Dominaba el ritmo, el movimiento, el espacio... y mi alma.

Tras un instante que pareció eterno, supe que llevaría aquello por siempre. Se había convertido en una imborrable parte de mí. Lara acababa de entregarme el regalo del infinito y yo era incapaz de moverme. Era como haber sido transportado a un lugar alejado, elevado y lleno de una hermosa calma. Ella era la llave que abría las puertas de lo eterno y yo la deseaba más que todo lo demás. Aquella frase resonó en mi mente al decírsela: "Te deseo más que todo lo demás"... Podía sentir su significado pasando ante mis ojos mientras la pronunciaba. La deseaba más que ver el cielo, oler las flores, estar sano, comer chocolate, ver a la buena gente feliz; más que el honor y la ética... Más que todo lo demás junto. No había pronunciado aquella frase jamás en mi realidad consciente, y sin embargo era lo único que me venía a la mente al estar con ella, al verla, al pensar en ella.

Tras hacer el amor, desnudos sobre hierba suave, comencé a buscarle las cosquillas. Nadie jamás había intentado aquello. No parecía la costumbre en aquel mundo y ella empezó a reírse hasta no poder más. Su alegría era contagiosa, así como su inocencia. Continuamos el camino intercambiando historias, leyendas y recuerdos de nuestras infancias. Los míos requerían infinidad de explicaciones sobre cada nuevo dato. Era casi imposible intentar aclararle a alguien de otro mundo por qué un fontanero dentro de una caja con imágenes golpeaba ladrillos, buscando setas y monedas mientras saltaba sobre tortugas. Al llegar hasta su hogar, sus padres salieron a recibirnos. Tener un traje que habla había sido menos sorprendente que aquel afectuoso recibimiento. Su pueblo desprendía una inocencia que rayaba en lo infantil... El traje fue el único capaz de traducir lo que decía aquella gente, y me di cuenta por primera vez que Lara hablaba mi idioma perfectamente... Era difícil para mí comprender la magnitud de todo aquello. Había matado hombres de otra realidad mientras dormía. Lo que para mí era un sueño, para todos los demás seres era su vida real y no entendía si ella hablaba mi lengua o nuestras almas se comunicaban directamente, ya que había tenido que explicarle anteriormente el significado de algunas palabras...

Mis pensamientos se detuvieron cuando el padre de Lara me levantó en el aire y me besó en las mejillas varias veces. Aquella reacción era totalmente inesperada y tuve miedo de estar ofendiendo a mis anfitriones por no saber qué hacer. Lara me cogió de la mano y me dijo que todo el mundo se alegraba de que estuviéramos de vuelta. Aquella era su gente, su familia y amigos... pero la sentía infinitamente más unida a mí. Aquello me reconfortaba un poco. Me había perdido todo en su vida hasta aquel momento; algo común en mi realidad, pero no haber estado presente en esos momentos de mi ninfa me daba una gran sensación de pérdida. Era una tontería... ella estaba allí y nos amábamos, pero una parte de mí habría deseado protegerla desde el primer momento. Evitar su secuestro, consolarla cuando hubiera estado triste, verla crecer y jugar en medio de los árboles. Me había perdido todo aquello y deseaba que hubiera alguna forma de arreglarlo.

Mientras ella hablaba con sus padres y amigos, yo me esforzaba por desentrañar más enigmas del traje. En el receptáculo de la hombrera encontré por fin el condensador de agua, cápsulas de comida y nutrientes, y una bola azul que se activó al presionar dos puntos en sus extremos. Empezó a levitar lentamente enfrente de donde yo estaba sentado, y al cabo de pocos segundos el traje comenzó a hablar sobre mi estado de salud con una precisión exhaustiva. Más de la mitad de las variables las mencionó en el idioma original, por lo que pude deducir que la medicina de mi realidad aun tendría que avanzar bastante para ser capaz de lograr un diagnóstico como aquel. En lugar de apagarse, la bolita siguió levitando por el poblado de las ninfas diagnosticando a sus habitantes sin que nadie pareciera hacerle demasiado caso, salvo los niños, que la seguían con curiosidad a una distancia segura. Otro de los artilugios no parecía servir para nada... al presionar en el centro del cilindro y girarlo comenzó a emitir una luz intermitente. Pregunté al traje sobresaltado si aquello iba a explotar, pero la respuesta me dejó tranquilo... Una especie de posicionador.

Lara me encontró enseguida, acercándose con expresión de niña traviesa me susurró al oído y quiso que hiciéramos el amor debajo de un árbol similar a un sauce. Lo que sentía por ella era demencial. Cuanto más la besaba más quería hacerlo... cuanto más tiempo pasaba a su lado más feliz estaba... ella me hacía sentir completo. La elección del sitio me hizo entender que pese a su timidez de ninfa, hacer el amor a la vista de otros no parecía despertarle ninguna alarma interna, y tampoco parecía gustarle más que estar en privado... Era como si esa variable en particular, fuera del todo irrelevante en aquella sociedad. Fui incapaz de evitar las comparaciones; era tan sensual siendo sirena, y tan deliciosamente delicada como ninfa... Su cuerpo era como un regalo de los dioses, diseñado con una perfección inimaginable. Cada uno de sus movimientos poseía una absoluta elegancia. Habría podido pasar siglos dedicado a imaginar a la mujer perfecta y jamás habría llegado a acercarme al punto en el que estaba Lara... Madison. Ahora entendía el porqué de mi soledad en la Tierra... siempre deseando algo que parecía imposible, siempre con la sensación de estar perdiendo el tiempo con besos vacíos, preguntándome a mí mismo por qué había elegido estar solo. Me atraían las mujeres hermosas e interesantes, pero a pesar de mis muchos viajes, cada nueva mirada era la de dos extraños que coinciden en un océano de posibilidades. Mis intentos por emular algo de lo que residía en lo más profundo de mi subconsciente, siempre habían acabado mal... Ni siquiera me dolía el final de una relación... lo aceptaba con una naturalidad que me producía más miedo que alivio. Era como si aquellas chicas a las que había besado en mi realidad fueran el preludio de mi búsqueda de Lara... Torpes intentos de acercarme a un ideal de mujer que tenía grabado a fuego desde antes de nacer... desde antes de existir.

Quería decirle todo esto a Lara... disculparme entre lágrimas por los besos que había dado, besos que no habían sido suyos. Pedirle perdón por haber dudado de mí mismo... de llegar a encontrarla aunque fuera en sueños. Pero era imposible; ella nunca aceptaría mis disculpas porque para ella no había cometido ningún error. Consideraba mi pasado como parte de mí y pese a que ella era pura y perfecta en aquel estado, me juzgaba con una clemencia que me obligaba a mirarla de rodillas. Nunca pertenecí a nada ni a nadie... porque siempre fui suyo.

-¿En qué piensas Daian? :)

-Pensaba en lo poco que significa ahora mi tristeza en la Tierra... Si hubiera sabido que era tuyo... habría sonreído a cada instante, todos y cada uno de mis días...

-¿Y no crees que eso estropearía la prueba? ;)

-¿Qué prueba? Yo... tu pelo... Estás tan irresistible cuando te muerdes el labio de esa forma... ;)

-Hih hih... :D La prueba... de vivir en la Tierra. Has aprendido muchas cosas allí. ¿Crees que habría sido lo mismo sabiendo que no estabas solo en ningún momento? Sabiendo que todo lo que vivías era como un juego y que yo estaría esperando al final de tu viaje.

-Hmmm... supongo que me habría dado todo igual. Más todavía supongo... En mi interior siempre supe que yo no encajaba, que todo aquello estaba diseñado como una especie de pasatiempo. Me di cuenta cuando trabajaba por primera vez en mi jardín... Era tan sencillo con mi modesta inteligencia crear un lugar agradable y con armonía, ¿Quién habría diseñado un mundo donde todos los seres se comen unos a otros y donde hay que luchar por la supervivencia en todo momento si no formara parte de alguna especie de entrenamiento?

-¿Te has dado cuenta de que todavía no me has dicho aquí que me quieres? :) Ya sé que es así, me lo has dicho antes, me lo has demostrado siempre... y si no lo haces ahora es porque te sientes culpable de haber usado esas palabras en tu mundo ¿verdad? :)

-Lara... Sí... yo... no creo que pueda perdonarme a mí mismo haber hecho el amor con otras chicas. Haber pronunciado esas palabras pese a que eran solo tuyas...

-Hih hih :D No tienes que pensar así... ¿Te acuerdas de nuestras conversaciones en la playa cuando era una sirena? Yo soy tu océano, pero si no hubieras bebido agua hasta encontrarme estarías muerto ¿verdad? Si no te hubieras bañado nunca no habrías aprendido a nadar y no podrías traerme todas estas sorpresas nuevas ;) Puedes usar esas palabras Daian... aunque las hubieras dicho un millón de veces a un millón de seres distintos, solo conmigo tienen significado... ¿me equivoco? :D

-Lo sé Lara... lo sé :(pero también sé que tú eres perfecta y si no me castigo yo, tu nunca lo harías :p

-Hmmm... vas a sorprenderte mucho de mi próxima transformación...

-¿Cuál será? ¿Y cuándo llegaré a una versión de ti que pueda decirme por qué han comenzado los sueños y cuál es mi misión?

-No sé mucho de tu misión Daian... solo sé que debes seguir adelante. Tus siguientes sueños serán en una realidad en la que mi verdadera naturaleza debe salir a la luz... Debes ayudarme en esa realidad a convertirme en lo que debo ser... y sufrirás intentándolo. No sabes cómo desearía poder evitarte ese sufrimiento... pero intuyo que esa es tu misión.

-Hmmm... sufrir... estoy acostumbrado de mi realidad actual ;) Incluso he aprendido a apreciarlo... tengo curiosidad por ver a lo que te refieres. Si te portas mal en mis siguientes sueños tendré que darte unos cachetes :p

-Hih hih :D No conozco muy bien cómo soy en mi siguiente estado... pero sé que el dolor y el sufrimiento han atado mi corazón... debes liberarlo Daian.

-Considérate liberada ;) por cierto... ya tengo la solución a mi problema más inmediato :p

Le pregunté al traje cómo se decía "te quiero" y "te amo" en la lengua de las ninfas, y en otros idiomas que recordaba pero jamás había pronunciado... No pude evitar sonreír ante la brillante idea... mis labios expresarían como me sentía... en palabras nunca antes pronunciadas.

-Mahal kita Lara… Nakupenda Lara… As tave myliu Lara… :)

Al acabar de pronunciar la frase 8 naves con forma de ala delta se posaban sobre los alrededores del poblado sin apenas hacer ruido.

-Quédate aquí por favor… debe haber algo en este traje capaz de defender el poblado.

Lara besó mi mano y sonrió de forma cómplice. En mi mano izquierda ya tenía dispuesto un guante que se ajustada a la palma de mi mano donde un óvalo de color púrpura hacía presagiar algún efecto devastador. De dos de las naves descendieron hombres vestidos exactamente igual que yo. Uno de ellos de pelo largo atado en una coleta recogida puso una rodilla en tierra mientras el traje traducía sus palabras:

-Arribar tan pronto como posible, alférez. Extracción en proceso de completarse si bien usted indique.

-¿Extracción?

-Usted activando cilindro de comunicación, extracción para seguridad de habitantes humanoides señor.

Miré a Lara un momento… comprendiendo por fin cuál era mi misión particular en aquel bosque. Tarde o temprano, los humanos de aquel planeta descubrirían criaturas fascinantes que no estarían a salvo nunca más… Un escalofrío recorrió mi espalda. Expulsado por mi padre… merodeando bosques con una flauta… enamorado de una ninfa… y señor de aquellos discos solares…

-Traje, ¿qué idioma hablaban los hombres que me atacaron a mi llegada al planeta?

-Hombres hablando indoeuropeo subfamilia griego peninsular arcaico.

-Griego… túnicas… lanzas…

Siempre que leía libros de criaturas fascinantes en mi realidad me preguntaba qué había pasado con ellas… ¿Dónde habían ido las ninfas? Una lágrima resbaló por mi mejilla al darme cuenta de que yo mismo me las había llevado para siempre, y que leería mi propia historia una y otra vez sin saber lo que estaba pasando… ni quién era yo.

-Padre suyo, emperador desea ver usted alférez. Especímenes traslado a nuevo planeta propio y despegue empezar tras tanto usted diga.

-Gracias sargento… puede comenzar la evacuación. Dígale a mi padre que estaré feliz de verle. Preste atención a las necesidades de esta gente por favor.

El sargento pareció confundido por mi necesidad de utilizar el traductor del traje. Las naves partieron hacia el satélite artificial. La segunda luna de Lara, resultó ser algo más que se perdería en los libros de historia. Solo la tradición oral sería capaz de mencionar aquel lugar del que partían seres con asombrosos poderes. Seres que un día desaparecieron sin dejar rastro. Besé a mi ninfa mientras ponía mis manos sobre sus caderas y las deslizaba lentamente hacia el final de su espalda... Le prometí, entre lágrimas, que en mi siguiente etapa del viaje, haría todo para que su corazón recobrara su verdadera naturaleza en esa realidad.

-No estés triste Daian... Tu viaje debe continuar :) Cuando dejes de soñar, tu verdadera personalidad en esta realidad ocupará su sitio en tu cuerpo de nuevo. Sé que no lo entiendes ahora, pero en realidad no nos estamos separando.

-Espera... ¿Quieres decir que esto no es parte del sueño?

-Sí Daian, estás soñando, y a la vez viviendo momentos de otras vidas... Es difícil comprenderlo, lo sé. ¿Nunca has visto en tu realidad situaciones donde una persona hacía algo que no recordaba, pero que marcaba su vida?

-Hmmm... supongo que en incendios y casos así... Pero siempre pensé que la adrenalina del momento bloqueaba los recuerdos de la situación...

-¡No tonto! :D La adrenalina mejora tus sentidos... Lo recordarían incluso mejor :p Esos momentos son experiencias altervitales. Este mundo te necesitaba a ti para esto, del mismo modo que el resto de tu viaje te necesita... que yo te necesito. Continúa tu camino Daian... yo cuidaré de ti.

-Te amo Lara... No sé qué voy a encontrar en mis siguientes sueños, pero te prometo que haré todo lo que me sea posible... para salvarte. Para salvarnos.

-Te amo Daian. Perdóname por las cosas malas que pueda hacerte en mi siguiente forma :(

-No te preocupes ;) Sabré arreglármelas. Buen viaje mi ninfa... Tu nuevo planeta te espera.

-Buen viaje a ti también Daian. No llores... volverás a verme muy pronto :)

Me desperté esa mañana hecho polvo. Mientras transcribía las notas del sueño no pude evitar pensar en cómo había vaciado de ninfas mi propio planeta. Tantos después de mí que se verían incapaces de presenciar esos seres maravillosos... ¿No habrían podido coexistir ninfas y humanos en este planeta al igual que las sirenas en el otro? Quizás solo me engañaba a mí mismo. La brutalidad de nuestro mundo era congénita. Cualquier belleza estaba en permanente peligro en esta especie de experimento fallido. Sería como tener niños correteando por un campo de prácticas de tiro. Y todavía me costaba aceptar que habría que coger un libro de mitología grecorromana para enterarse de que hombres con trajes que hablaban raro recorrieron un día nuestro planeta. ¿Qué más piezas habría que encajar en esas historias? Hércules, dragones, Hefestos, calamares gigantes... A decir verdad, estos últimos todavía se pescaban de vez en cuando.

En mi vida consciente tenía que acudir a dar una clase en la universidad. Una sustitución de última hora que había aceptado como favor para el profesor titular. Eran esas escasas ocasiones las que me mantenían en contacto con lo que pasaba a mi alrededor. Habría podido inhibirme de todo dejando que las inversiones me mantuvieran alejado del mundo real... pero en realidad, ahora todo había cambiado. Cada nueva experiencia que el destino ponía a mi alcance podía ser la clave para avanzar en mi misión. Cada nueva ocasión de aprender algo nuevo o de tener alguna revelación se convirtió en una obsesión. Había encontrado el equilibrio entre mi vida en los sueños y mi vida consciente. Ambas se necesitaban mutuamente y ,ahora, todo a mi alrededor era una ocasión para aprender, mejorar... y liberar el corazón de Lara en los sueños que estaban por llegar.

La clase había sido decepcionante. El tema era la ética personal como complemento profesional. Siempre me habían apasionado los temas filosóficos, y estaba dispuesto a aceptar que no todo el mundo compartía mi misma pasión por la ética, la lógica o las cuestiones que nos impulsan a pensar más allá... Pero ese nivel de mediocridad era inaceptable. Estudiantes que no eran capaces de definir la ética con sus propias palabras pese a haber estudiado meses el tema, ojos vacíos que se desorientaban tras un par de quiebros. Ni siquiera eran capaces de definir el bien o el mal como conceptos absolutos; una de las alumnas se debatía entre la respiración pesada de su obesidad mórbida y las explicaciones sobre por qué el bien y el mal le parecían conceptos relativos.

-Bueno... las cosas no son blancas o negras... algo que a uno le puede parecer bien a mí me puede parecer mal... ¿sabes?

-Aha... comprendo. Según usted señorita, si yo los rociara a todos ustedes con gasolina y les prendiera fuego, no estaría actuando MAL, sino que, ya que el bien y el mal son conceptos relativos para usted, los efectos de causar hmm... veintisiete, no, veintiocho muertes horribles se solaparían con los beneficios para el planeta de la comida que no consumirán, las pensiones que no recibirán o los trabajos que dejarán libres para otras personas?

-No... pero... es que si vamos a los extremos...

-Señorita, la ética suele trabajar en extremos. Si distinguir el bien del mal en todas las situaciones fuera una tarea fácil, no se estudiaría esta asignatura en las universidades; y sin duda se espera de ustedes que sean capaces de distinguir lo que está bien de lo que está mal en los casos más sutiles. Si su argumento de presentación es que el bien y el mal no existen, solo puedo desearle suerte en su vida. La va a necesitar.

La clase concluyó con la repugnancia que me provocaba ver aquellas expresiones simples y vacías. Tenía curiosidad por ver hasta qué extremos llegaba la mediocridad de aquellos estudiantes y les encargué una tarea clásica. Argumentar la muerte de una anciana:

Hay una anciana en una estación de tren, bloqueando el único dispositivo de emergencia que evita un choque de trenes. Tienen un par de segundos para pulsarlo y si lo hacen es seguro que la anciana caerá hacia una muerte segura, si no lo hacen morirán los pasajeros del vagón también de forma segura. ¿Qué decisión adoptan y en qué la basan?

El ejercicio ético se iba complicando:

-La mujer está bloqueando el sistema de emergencia a propósito porque quiere que muera esa gente… ¿La tiran ahora?

-Quiere que muera esa gente porque sufre un trastorno psicológico del que no es responsable.

-La mujer es una investigadora médica trabajando en una enfermedad que causará docenas de muertes si ella no continúa sus investigaciones personalmente.

-Las docenas de muertes serán de personas mayores de setenta y cinco años y en el vagón de tren van niños en una excursión escolar.

-Las docenas de muertes son ahora 7 pero son niños, en el tren van 5 y su profesora.

-Ahora conocen a los 5 niños y a sus padres, deberán explicarles por qué han muerto sus hijos; las muertes de la enfermedad serán de niños de algún país lejano y permanentemente incivilizado.

Los supuestos continuaban con unas doce líneas más. El profesor titular recibió los resultados de mi ejercicio y estuvo de acuerdo conmigo en que sus alumnos carecían de la inteligencia suficiente para desarrollar sus respectivas profesiones de forma ética. Solo un sistema de control y castigo los animaría a no saltarse la ley... Solo el riesgo a ser descubiertos prevendría a la mayoría, de aceptar sobornos o adoptar decisiones injustas. Quizás aquella era una de las claves para entender por qué la Tierra era de la forma que era. Quizás en algún momento el planeta perdió su inteligencia ética.

Me dispuse a descubrir una nueva etapa en mi misión. Salvar el corazón de mi ninfa… de ella misma…

CAP 7

Aquella noche desperté en medio de un paisaje oscuro y rojizo, donde la tierra seca me recordaba a uno de esos sitios llanos con pocas horas de luz solar. Cada pisada llenaba mis botas de polvo. Por mi atuendo podía deducir que si buscaba en mis bolsillos no encontraría aparatos futuristas. Todo tenía unos acabados más cuidados que en la tierra de Madison, pero echaba de menos poder preguntarle al traje dónde tenía que ir… y saber que con el otro no me faltaría agua, comida o cuidados médicos. Echaba de menos aquella inquieta bolita voladora. Sentía como si hubiera pasado días perdido por aquel páramo, pese a que el sueño acababa de comenzar hace un instante.

Mis manos estaban ligeramente curtidas y a la vez bien torneadas… como las de un pianista que trabajase en el campo o alguna mezcla similar. Me toqué el rostro y deduje que debía tener unos cincuenta años, quizá más. Mi barba estaba recortada en punta a la altura del mentón y llevaba una coleta que me pareció ridícula, anudada en la parte posterior de la cabeza como formando un tubo. Supuse que si la desataba, el pelo sobrante me llegaría hasta los hombros. Tenía curiosidad por ver mi reflejo y comencé a buscar algo reluciente en medio de todos mis artículos de vestir. El pantalón se anudaba de forma extraña con un cerrado lateral que conectaba con mi hombro como una especie de tirante de adorno, pero solo en un lado. Mi cinturón era de un metal parecido al alabastro, ligero y resistente. Por todos los detalles que iba recogiendo habría dicho que empezaba en aquel mundo como un ciudadano acomodado que se había extraviado.

Miré a mi alrededor y observé que solo había un núcleo urbano cerca. Tenía dos opciones. O bien me había escapado de allí y al volver tendría problemas, o bien podía ignorar aquello y seguir vagando por esos páramos secos y sin vida. Decidí arriesgarme con la ciudad y por el camino fui pensando en las implicaciones que tendría que me pasara algo en un sueño... ¿Si moría en aquel sueño habría muerto mi yo de aquella realidad? Probablemente sí... por lo que decidí andarme con cuidado, o no tendría ninguna posibilidad de continuar mi viaje por el mundo de los sueños; justo ahora que se había puesto tan interesante. A mi llegada a las puertas de la ciudad salieron a recibirme tres soldados. No tenían actitud de sorpresa al verme allí y tampoco me consideraban una amenaza, pero hablaban un idioma raro para mí que supuestamente yo también debería entender.

Aquello iba a ser un contratiempo enorme; no tenía ningún tipo de ayuda y al no comunicarme con ellos pronto descubrirían que algo raro estaba pasando conmigo. Podía fingir un dolor de garganta, pero tampoco podría reaccionar ante sus instrucciones. Fuera quien fuera yo en aquel sueño, si pensaban que me había vuelto estúpido, o sordo y mudo a la vez, no estaría ayudando a mi situación. Decidí mirar alrededor confundido y fingir un desmayo. Recordaba de mis clases de primeros auxilios que cuando uno se desmaya de verdad se cae sin apoyos. Desconocía si aquella gente sabría distinguir un desmayo falso de uno auténtico, pero por si acaso, me incliné y caí como un saco de patatas sobre el suelo de la entrada de la ciudad.

Tenía poco tiempo para poner en práctica uno de los recursos sobre los que había leído. El lóbulo cerebral izquierdo era el responsable del lenguaje y su comprensión, mientras que el hemisferio derecho era el encargado de todo lo relacionado con los sueños, y por alguna extraña razón, precisaba de los dos para acceder a ciertas memorias, pero no a todas. Era imposible recordar, por tanto, dentro de un sueño quién era yo allí o ser capaz de leer algo y que tuviera sentido; pero nada me impedía con la concentración correcta que el hemisferio izquierdo de mi cerebro se adecuara a aquel lenguaje que ya conocía. Mientras me llevaban con gran preocupación a algún sitio en una especie de hamaca portátil para heridos pensaba en lo fácil que era inventar una camilla, o un cinturón con agujeros y en lugar de eso cada civilización había llegado a descubrir sustitutos para esos artilugios, sin pensar que quizás había una forma más fácil de que no se cayeran los pantalones, o de llevar a un herido. Su preocupación por mi bienestar me hizo quedarme más tranquilo sobre mi papel allí.

Al abrir los ojos estaba en una habitación austera con demasiados cojines. La cama era un colchón blando directamente sobre el suelo que también servía de manta. Quizás habría sido buena idea continuar soñando con esas realidades para poder patentar todas aquellas maravillas en mi mundo; era una idea perfecta... Dormir sin que se escape la manta porque forma parte del colchón. Esa era parte del problema, estaba tan fascinado por todo lo que había a mi alrededor que mi cerebro se esforzaba más en recoger y analizar todo, que en acceder a conocimientos que ya poseía en aquella vida. Si tenía las ropas, el peinado y el cuerpo ¿por qué no la habilidad de hablar en aquel idioma aunque costase algo más de esfuerzo?

Cuando la persona a cargo de mi cuidado apareció en la habitación concentré todas mis energías, metiéndome todavía más en aquel sueño. Era una mujer de rasgos elegantes y atractivos, pero no era "ella", por lo que ante mis ojos pasaba a convertirse en otro personaje secundario más de aquel entramado. Antes de que llegara a pronunciar una palabra ya estaba preguntando yo algo: "Hekk! Bfau heinghal ema yug vaka?". Algo así como: "-Perdone, sabe usted quien soy yo?". Fui incapaz de entender su respuesta porque tuve el error de concentrarme en lo que yo había dicho... Intentaba otra vez aprender de todo aquello en lugar de dejar que mi mente me diera lo que ya tenía. "Bfau" me sonaba a "usted", "heinghal" parecía algo para llamarle a una chica joven, "ema" sonaba bastante a "mí" y "vaka" debía ser el verbo "saber, conocer". Le pedí que volviera a repetir su respuesta y que disculpara por mi confusión. La chica era muy amable, pero sus movimientos me recordaban constantemente que no estaba en ningún sitio conocido. Cuando me dijo que no me preocupase, puso tres de sus dedos sobre la intersección del brazo, la parte frontal del codo. Ese tipo de cosas culturales siempre lograban sorprenderme... En algún momento, alguien decidió en mi realidad que dos dedos en forma de uve significaba una cosa, y algún otro individuo con tiempo libre decidió allí que tres dedos sobre el brazo significarían que todo estaba bien.

-Eres un miembro del consejo de relaciones diplomáticas, ¿Sabes cuál es tu nombre?

-Pues no lo sé... ¿lo sabes tú?

-Te llamas Tekka Yaul Grendar, yo soy Baira Kgen Ptuergh. Estoy feliz de conocerte.

-Yo también Baira. Eso quiere decir que no nos hemos visto antes... ¿Qué hago aquí en la ciudad?

-No sé los asuntos del consejo, tampoco sé qué hacías fuera de la ciudad.

-¿Soy parte del consejo?

-Hasta donde yo sé eres un consejero diplomático. ¿En serio no recuerdas nada? ¿Qué te ha pasado mientras estabas fuera?

-No sabría qué contestarte Baira… Vamos a hacer un ejercicio de imaginación. Imagínate que estás hablando con alguien que nunca ha estado en este sitio, en este planeta, ni sabe nada de nada. De esa forma me ayudarás a recordar mejor los detalles hasta que se cure mi amnesia :)

Por desgracia, mi idea tenía fallos que yo no podía intuir. Aparentemente mi circunstancia no resultaba totalmente extraña en aquella realidad. No era algo que sucediera todas las semanas, pero ciertamente podían entender que aquella persona que habitaba ahora el cuerpo de su consejero, no tenía ni idea de sus costumbres, su sociedad o sus gentes. Baira me fue informando de algunas cosas, pero dejó lo principal para otro miembro del consejo.

Vhamel era un hombre corpulento,que pese a tener una gran inteligencia, como comprobaría más adelante, no la aparentaba. Su expresión simple y bonachona no dejaba relucir su gran sagacidad, ni su firme control de todo lo que estaba pasando. De hecho, al principio pensé que era algún consejero de segunda fila o quizás incluso algún subordinado de mi departamento que no entendería muy bien lo que estaba pasando. Resultó que, pese a lo sorprendente del caso, estaban preparados para una eventualidad como aquella. La conversación con Vhamel fue larga… a decir verdad, la sensación temporal en aquel sueño era bastante peculiar. Debería haber despertado hace horas.

-Por eso no tienes los recuerdos del consejero Tekka, ¿deseas que te llamemos de otra forma?

-Nop… Tekka es un nombre bonito. Comprendo más o menos lo que me está pasando y también sé que tengo una misión particular. Me gustaría estar seguro de que no voy a causarle problemas al Tekka de esta realidad si hago lo que he venido a hacer aquí.

-¿Cuál es tu misión y en qué podemos ayudarte?

-Todavía no sé los detalles, pero estoy buscando a una chica… una mujer tal vez. ¿Estoy soltero en esta realidad?

-Hmm… lamento tener que decirte que no… eres viudo. Tu mujer y tu hija cayeron víctimas de los vampiros.

-Vampiros… Tekka y tú, es decir, tú y yo éramos amigos ¿verdad? La forma en que hablas… parece que lo eches de menos.

-No diría tanto como amigos, más bien rivales políticos. Nunca entendí sus maniobras de apaciguamiento; incluso tras la muerte de tu... su mujer y su hija a manos de esa escoria, continuó sus labores diplomáticas sin buscar venganza.

-Algo me dice que o bien tenía un plan secreto, o bien era un cobarde en esta realidad. En cualquier caso, me gustaría enterarme mejor de lo que está pasando con los vampiros. Una pregunta rápida... ¿Cuántas lunas hay aquí?

-Son dos, por supuesto...

-¿Alguna de ellas es de metal o parece artificial?

-No... ghaure idn shaffer ohgterel...

-Perdón... estaba distraído por un momento... ¿qué has dicho?

-Decía que puedes echar un vistazo por los telescopios si tienes curiosidad. Ninguna de las dos lunas tiene nada de particular.

La conversación continuó mientras Vhamel me iba poniendo al día de varias cosas. Una de las primeras dudas que había resuelto era la de otra incursión de naves desde una luna artificial. Parecía claro que aquel recurso ya estaba agotado. Mi primera sospecha fue que la mujer de Tekka quizás no había muerto... quizás a eso se refería mi ninfa cuando decía lo de salvarla. Podría tratarse de ella, convertida en prisionera o quizás vampira (término que usaban allí en lugar del correcto "vampiresa". La palabra me gustó ya desde el principio...) junto a mi hija de aquella realidad.

Tuve que desechar algunas ideas que traía de mi mundo. Aparentemente, allí los vampiros no eran capaces de convertir a la gente con mordiscos. No tenían ningún problema con la luz del sol, y pese a que vivían un poco más que los humanos y eran ligeramente más resistentes, no eran los semidioses que yo había conocido en la literatura de mi realidad. Una de mis preguntas siguientes lo puso todo en perspectiva. En circunstancias normales, un vampiro ganaría sin demasiados problemas a uno de aquellos humanos; pero con entrenamiento físico y de combate las diferencias desaparecían... Ahora comprendía mejor por qué ninguna de las dos culturas había sido capaz de imponerse, pese a que los humanos estaban perdiendo la batalla.

Saber más sobre todo aquello era el inicio más lógico para hallar una respuesta y encontrar a Lara en esa realidad. Mis esperanzas de que fuera mi mujer en aquel sueño se desvanecieron rápidamente... Tanto ella como mi hija habían sido incineradas en una pira, siguiendo las costumbres de aquellas gentes. Cada vez resultaba más claro para mí, ya que el mal parecía concentrarse allí en el mismo lado, que Lara era una vampira. O bien estaba a punto de vivir mi propia versión de Romeo y Julieta, o bien acabaría masacrando a sus amigos y familiares en una guerra que duraba décadas. Sonreí tristemente; echaba de menos los tranquilos encuentros de cuando ella era una ninfa o una sirena.

CAP 8

El sueño se alargaba más de lo que era normal, pero todavía no era una duración preocupante. Me acercaba al salón del consejo acompañado por Vhamel, que parecía entenderse mejor con mi nuevo yo, que con el de antes. Todavía no me había acostumbrado a aquella edad. Sin duda a los cincuenta y algo todavía estaba en buena forma, pero había sido como dar un salto adelante de más de veinte años. El ambiente me lo ponía fácil; por cada calle de la ciudadela podía ver parejas donde la diferencia de edad era bastante abultada. Siempre que me había puesto a pensar cómo sería estar en la cincuentena me imaginaba trajes elegantes, restaurantes caros y dos décadas más de conocimiento. Sin embargo, en aquel sitio, parejas de edades dispares se hacían gestos de afecto con una normalidad que me indicaba que era algo habitual allí. También era inevitable fijarse en el hecho de que todo el mundo parecía estar en buena forma... Los habitantes más ancianos recordaban a musculosos maestros de artes marciales y a las mujeres de los anuncios de cremas antiarrugas. Aquel planeta estaba consiguiendo cambiar mi forma de pensar sobre la idea de envejecer.

Era algo a lo que siempre la había tenido bastante miedo. Cuando eres adolescente y ya no tienes edad para hacer tonterías; cuando cumples los veintidós y aún eres muy joven para pedir un crédito o tener una empresa; cuando cumples los veintiséis, cuatro años después y empieza a quedar raro el salir con chicas de diecisiete; cuando cumples los veintiocho y empiezan a preguntarte si estás casado... ¿Casado yo? Si hace dos días era un chaval de diecisiete que montaba en monopatín. Con los años fui viendo que aquellos temores a dejar pasar el momento o perder el tren de los acontecimientos no existían realmente... La chica de diecisiete se enamoraría de ti a cualquier edad si es la persona correcta, y esconderse de sus padres solo lo haría más interesante. Quizás hasta me compre un monopatín cuando cumpla los cuarenta; siempre quise manejarlo como un profesional.

Estaba metido en estos pensamientos internos cuando llegamos a la sala de reuniones del consejo. Vhamel había estado callado todo el camino, como si intuyera que necesitaba vivir aquel momento del trayecto en soledad. Al estar frente a la entrada me sorprendió que no fuera una puerta normal. Era como un arco que se cerraba en tres piezas circulares, de modo que las tres coincidían en el centro. Parecía un diseño pensado para soportar el ataque de seres gigantescos, lo cual no tenía demasiado sentido porque las paredes se mostraban bastante endebles.

Vhamel me había estado instruyendo acerca de los saludos, costumbres, tradiciones... El sitio se llamaba Fherelen, y era una de las pocas culturas que usaba dos apellidos. En cierto modo, tenía sentido que alguien quisiera indicar qué familia era la de su padre y cuál la de su madre. Apenas tenían gestos que pudieran considerarse ofensivos salvo el hecho de taparse la boca con una mano al escupir y un par de tonterías más que no me meterían en problemas. Imaginé el consejo de otra forma. El organigrama era bastante caótico ya que un responsable se encargaba de dos departamentos y todos estaban bajo el control de un comité de decisiones sin cabeza visible. Quizás era un fallo por mi parte esperar que los seres humanos de otras realidades hubieran llegado a conclusiones como la presidencia, las puertas de bisagra o los cinturones de agujeros; pero no podía evitar sentirme decepcionado ante la idea de contar mi misión a un rey sabio o a un presidente, sultán o lo que fuera.

En aquel encuentro no me esperaban miembros de ningún otro departamento además del mío, y parte del consejo de decisiones. Todo el mundo parecía estar relajado y de buen humor... La tensión semejaba ser ajena para estas gentes incluso en medio de una guerra contra seres sedientos de sangre. Vhamel comenzó a relatar mi historia como la cosa más normal del mundo. Un hombre de otra realidad que habitaba en sueños el cuerpo que había usado en otras vidas para completar las piezas de un puzle que había iniciado por el amor hacia una mujer que iba variando de forma y lugar... Dicho así sonaba bastante comprensible. Los miembros del consejo no parecieron sorprendidos en ningún momento; observaron mi llegada como un acontecimiento que ocurría por algún motivo, y me hicieron preguntas sobre el paradero del verdadero Tekka. Lo cierto es que no supe responderles... No tenía ni idea de si Tekka estaba allí conmigo hibernando mientras yo soñaba, o si él estaba en otro sitio. Me paré a pensar los estragos que podría causar una persona de aquella época llevada a la mía. Habría tantas cosas que explicarle... Confiaba en que Tekka estuviese ajeno a todo aquello y pudiera reencontrarse con sus amigos y conocidos cuando yo acabase allí. De repente me empecé a sentir extremadamente cansado. Podía notar cómo me desmayaba dentro de aquel sueño y me sumergía en medio de la oscuridad, para volver a aparecer tras un breve instante despierto en la cama de mi mundo.

De camino al supermercado me empezó a preocupar aquella idea. En los otros sueños la transición era más tranquila. ¿Qué pasaría si ahora que era un diplomático enfrentándose a una guerra contra criaturas mitológicas, me desmayaba en mitad de una negociación o una batalla? ¿Qué habían hecho los consejeros de Fherelen tras mi desmayo? ¿Iban a estar intentando reanimarme durante las 15 horas que permanecería consciente en mi realidad?

Tras estas preguntas tuve una idea brillante. Aquella gente que diseñaba todo de forma tan poco práctica estaba metida en una guerra casi perdida. Necesitaban nuevas tácticas, nuevas armas, nuevas formas de enfrentarse al enemigo. La estrategia militar era algo demasiado relacionado con las artes marciales como para no haberme interesado desde siempre. Recuerdo que mi primer juego en un ordenador moderno había sido un simulador de batallas de las guerras napoleónicas. Pasaba horas y horas intentando nuevas formas de ganar partidas cada vez más complicadas... Tres contra uno, no avanzar en armamento, luchar solo con infantería. Me apasionaba ponerme en desventaja e ir ascendiendo poco a poco. El mayor reto al que me había enfrentado hasta entonces, además del dos contra uno en el máximo nivel de dificultad del Age of Mythology o del Rise of Nations, era Biffy's Peril. Se trataba de un escenario en un juego de estrategia clásico llamado Warhammer 40.000; dos contra uno en una fase pequeña donde no hay espacio para el error, porque la máquina avanza sin cometer un solo fallo, y tiene el doble de recursos que el jugador humano. Las únicas partidas contra personas, que todavía me interesaban en algún juego eran las de RISK y solo porque el factor suerte podía alterar unos resultados que de otra forma ya estarían decididos.

Los diarios de campaña de Rommel, los documentales de las guerras mundiales, el almirante Togo contra los rusos, la guerra hispano-americana, Sun Tzu... Todo aquello que estaba en mi cabeza bajo la etiqueta de "afición interesante" podía dar pinceladas de utilidad a una guerra de un mundo que no se había forjado a sangre y fuego como el mío. Nunca me había parado a pensarlo... pero me sentía por primera vez agradecido de pertenecer a un lugar históricamente violento. Un mundo en el que cualquier chaval de quince años tenía más experiencia en estrategias de combate que los pacíficos generales de esos lugares idílicos con humanos, que se repartían a lo largo del, o de los, universos.

Pasé unas cuantas horas revisando batallas clásicas, estrategias que habían cambiado el curso de guerras y trucos de espionaje. Estaba seguro de que podría aportar algo a aquella situación. Al llegar la noche entrené un poco con las pesas, me di una larga ducha caliente y me preparé para continuar mi aventura.

CAP 9

Pese a que yo soñaba en lo que para mí era la noche siguiente, al abrir los ojos en el sueño me encontré un par de días después. Tekka había estado llevando una vida normal y el consejo decidió que cuando yo fuera él, llevaría un emblema visible en el pecho. Le dieron instrucciones a él para que se lo quitara cuando se sintiera él mismo. Era gracioso ver cómo aquel emblema cambiaba la cara de Vhamel... Si lo llevaba puesto nos caíamos bien, bordeando la amistad. Si no lo llevaba, mi rostro se convertía en el de un pusilánime que pretendía alcanzar la paz mediante el diálogo constructivo. Me preocupaba la imagen de un Tekka que utilizase el emblema para hacerse pasar por mí e impulsar su agenda pacifista, pero de nuevo, estaba siendo demasiado precavido, basándome en los temores que habría tenido en la Tierra. La gente de Fherelen era tan ajena a esa forma de pensar, como nuestros esquimales lo eran a la idea de hacer surf.

Decidí pedir al consejo un informe de la situación, para ofrecer posibles salidas a aquel conflicto. Uno de los miembros de la comisión diplomática en la que estaba Tekka hizo un atisbo de oposición a aquel plan. Tenía que ser difícil para él aceptar que su jefe tenía un extraño caso de personalidad múltiple. Lo consideré una buena idea para dar mi carta de presentación.

-¿Cómo te llamas chico?

-Twegho... trabajo con usted... con su otro yo desde que...

-Bien Twegho... ¿no has notado que tu bebida sabía rara? A eso me refiero... tenéis consejeros que son incapaces de notar cuándo han sido envenenados... Me has permitido acercarme a tu bebida y ahora tu vida pende de un hilo. ¿Por qué? Porque no estáis hechos para la guerra...

El silencio inundó la sala, y antes de que alguien gritara para que me arrestasen, decidí concluir aquella táctica tan arriesgada como necesaria.

-Relájate Twegho... Estaba bromeando :) Nadie quiere envenenarte... En serio; solo pretendía demostrar que esta guerra no se ganará con buenos deseos y palabras de entendimiento. Debéis cambiar toda la organización de defensa y ataque, el armamento y las batallas.

Solo dos de los miembros permanentes del consejo de decisión, junto con Vhamel parecieron encontrar aquello gracioso. El resto de los allí presentes todavía temían ver al pobre Twegho desplomándose de un momento a otro. Me parecía poco seria esa costumbre que tenían allí de tratarse por el nombre de pila... Me habría gustado portar algún título rimbombante para cuando me presentara en el futuro ante los vampiros: "¿no sabéis quién soy? ¡Estáis ante el General Canciller de los Ejércitos de Fherelen!". En lugar de eso, tendría que presentarme con aquel nombre que empezaba a sonarme ridículo. Quizás debería haber pedido que me llamaran Daian cuando portase el emblema.

Pensé que me llevaría varios sueños organizar todo aquello, pero con ayuda de Vhamel fui dejando todas las medidas preparadas. Intenté escribir en uno de los papiros que tenían allí, y todo fueron extraños símbolos que me hicieron recordar que aquello era un sueño... No podía leer ni escribir nada mientras soñase, por lo que Vhamel y dos ayudantes fueron anotando durante horas todos los cambios que quería organizar. Mi papel allí era realmente complicado. ¿Qué pasaría si tras usar todo aquel material modificaba aquella sociedad hasta hacerla irreconocible? ¿Y si tras ganar la guerra el poso que dejaban las ideas de la Tierra convertía aquel planeta en otro infierno bélico donde nunca pasaban 20 años sin algún conflicto con miles de muertos? Pude relajarme al sopesar la otra alternativa; si me quedaba corto en mis aportaciones los vampiros acabarían con todo.

-Vhamel... ¿Tenéis prisioneros de los vampiros en este lugar?

-Ehem... sí... ¿quieres ir a verlos?

-Nop, no hay tiempo. Podría despertarme en cualquier momento y no serviría de nada. ¿Sería posible que trajeran a cinco o seis aquí ahora? Con grilletes y tres guardias por prisionero formando un triángulo en el que dos guardias estén atrás y un tercero vaya delante.

-Errr... sí... sería posible... ciertamente.

Los vampiros eran más parecidos a los humanos de Fherelen de lo que yo habría pensado. Se notaba que eran distintos... su coloración pálida, su fisionomía con rasgos finos, sus gestos... Parecían en perpetua lucha interna y como no podía ser de otro modo, no sufrían daños ni heridas. Aunque por lo menos allí tenían cárceles, o mazmorras… lo cual ya era un comienzo. La disposición de los prisioneros y el halo de cortesía de los guardias me recordaron más a un concurso de la tele que a un interrogatorio.

-Vampiro número uno, háblame de ti ¿qué te trae a nuestro plató? :)

- ………….

-¿Hablas mi idioma?

-… Sí…

-Bien, pues tienes dos opciones… La primera es una amigable charla con nosotros donde llegamos a conocernos mejor; la cual conduce a un intercambio de prisioneros en un futuro cercano donde tú vuelves con los tuyos. La segunda es quedarte aquí encerrado para siempre con instrucciones especiales para que los guardias te maten antes de que el enemigo tome el castillo.

-… ¿Qué deseas saber?

-En tus propias palabras… ¿Por qué empezó esta guerra? ¿Solo os alimentáis de sangre? ¿Podéis tener descendencia con los humanos? ¿Qué pasaría si llevarais una dieta normal?

-La… la guerra comenzó hace muchos años… Los humanos se convirtieron en una amenaza. Los problemas entre pueblos de la frontera escalaron hasta llegar a la guerra total. La sangre… nos alimentamos de sangre, carne y fruta… no podemos digerir cereales, verduras o alimentos con demasiado azúcar, por eso nuestra dieta no puede… hmm… ser normal, incluso la fruta debe ser poca.

-¿Y la descendencia? Si el día de mañana conocieras a una humana que no sintiera aversión hacia la piel excesivamente pálida ¿podríais tener hijos?

-Sí… los mediasangres se criarían como vampiros normales.

-En ese caso y siguiendo las reglas de la diferenciación de especies, tengo que decirte que humanos y vampiros sois de la misma especie matriz.

-Lo… lo sabemos.

-Y en ese caso ¿por qué habéis dejado que escalase el conflicto? ¿A nadie se le ocurrió que los humanos son algo más numerosos y no tienen tantas limitaciones en la alimentación y los suministros? Esta guerra estaba perdida de antemano… Vhamel, ¿qué habéis estado haciendo para tener un resultado tan penoso? Es igual… lo veremos en un momento.

El resto de vampiros estaban tocados por la misma pátina de inocencia que lo impregnaba todo en cuanto salía de la Tierra. ¿Tan difícil era que los vampiros fueran monstruos psicópatas y los humanos fanáticos nacionalistas o religiosos. Habría sido más fácil acabar con todos... La idea de realizar experimentos médicos con aquellos prisioneros se me había cruzado un par de veces por la cabeza. No me resistía a abandonar la idea de que el ajo, la plata o una estaca fueran el arma secreta para dar un golpe de efecto. La crueldad que traía de mi realidad había resultado demasiado fuerte incluso para una guerra total. Viéndolos allí en fila me daban ganas de pellizcarles las mejillas, pero antes de devolverlos a las cárceles pregunté por la muerte de la mujer de Tekka y su hija. Respondió una vampira que aún pasaría un par de años en la adolescencia... De nuevo volvían a mi mente ideas poco éticas, en este caso, sobre el tratamiento de las prisioneras de guerra.

-Yo creo que sé algo sobre su mujer señor... Un grupo de Pehreng causó un incendio en uno de los pueblos cercanos... Ellas murieron en su cama señor. Lo... siento... :(

Aquel devenir de los acontecimientos empezaba a ser desesperante... Esperaba algún giro dramático en el que Lara hubiera participado en su asesinato. En lugar de eso, todo apuntaba a una muerte accidental y relativamente indolora, contada por una vampira que se disculpaba avergonzada sin tutearme, y me explicaba que los Pehreng eran una especie de milicia de jóvenes exaltados.

La siguiente instrucción que di fue la de quemar todas las notas que habíamos hecho relativas al armamento, a la aniquilación sistemática de los vampiros y a la disposición de las tropas. Ganar aquella guerra ni siquiera podía considerarse un reto. Y tampoco parecía necesario exterminar ciudades enteras para que aquello acabase pronto.

NOTAS DE BATALLA

.Infecciones del ganado esparcidas en zonas de presencia vampira: Con la bajada de suministros de carne y sangre sus números se reducirán considerablemente.

.Creación de grupos de choque que lleven la guerra de guerrillas a los asentamientos durante las batallas. Al acabar cada lucha, tanto si ganan como si pierden, volverán a un campamento destrozado.

.Disposición de infantería ligera mezclada con arqueros en los flancos. Cada combate librado en casa irá reduciendo las fuerzas laterales mientras el centro resiste hasta que sea posible el avance.

.Arcos de tiro tumbado. Recordaba este artilugio de algunos libros de historia de sudamérica. El arco era incluso más grande que el de los arqueros "longbow" ingleses y se disparaba tumbado alcanzando una mayor distancia.

.Brea en los espacios de batalla. Un par de flechas incendiarias crearían el caos en el lugar.

Las ideas continuaban con la mejora de las espadas, las armaduras, las formaciones. Mi plan había sido reducir el tamaño y peso de todo lo que debía portarse en las batallas para que incluso un 7% de reducción, tuviera el efecto de una mayor velocidad de movimiento, resultando en más ataques y defensas por soldado. Las formaciones deberían ser menores y con mayor número de soldados, más especializados. Recordaba del libro de Vegetius cómo los luchadores más temidos del ejército romano eran los que lanzaban piedras con las hondas. Debía ser desesperante estar haciendo un buen combate contra Roma y que uno de estos lanzadores te rompiera un brazo o una rodilla con alguna de las docenas de piedras que arrojaban.

Me había entusiasmado diseñando todo aquel entramado de mejoras bélicas… pero comprendí que la guerra en la que debía fijarme en esta ocasión, era la que nunca se produjo del todo, entre Rusia y EE.UU.: la Guerra Fría.

Le comenté a Vhamel mi deseo de que tras quemar las notas la mayoría de aquellas ideas no debían ser utilizadas. Las excepciones las constituirían: la organización de las fuerzas de combate, la mejora de las armas, algunas técnicas de entrenamiento de artes marciales y la evacuación de heridos por fin en camillas normales... no en aquel artilugio extraño que usaron conmigo en mi primer desmayo. Hecho esto, pedí que llamaran a su figura equivalente a los alquimistas y a los herreros. Mi golpe maestro estaba a punto de comenzar.

CAP 10

Las cosas en mi realidad seguían su curso. Mi cartera de acciones permanecía estable, me había apuntado a clases de cocina por las mañanas y el decanato me había ofrecido formar parte de la dirección de un master. No podía decirse que antes de los sueños mi vida fuera un infierno... tampoco podía afirmar que los sueños estuvieran cambiando algo profundo en mí, más allá de una explicación sobre por qué no podía enamorarme a fondo en mi vida consciente. Quizás ese era el problema... "ella" estaba tan por encima de todo lo demás, que el éxito profesional, los viajes o el construir un día la casa de mis sueños solo serían pequeñas tonterías sin importancia en mi realidad. Si cerraba los ojos podía verme a mí mismo cuarenta años después, de rector en alguna universidad extranjera, tirando con arco en el jardín de una fortaleza medieval reconstruida o navegando por playas cristalinas a bordo de un pequeño yate... Nada de eso me habría dejado satisfecho. No era un problema de falta de objetivos, sino de falta de razones de peso para alcanzarlos. Con cada nuevo sueño veía más y más a mi realidad como una escuela para el alma, donde las posibilidades de ocio dejaban mucho que desear y al alcanzar el título, la escuela mataba a sus alumnos.

No podía negarse, aun así, que muchas de las cosas que había aprendido en mi mundo me estaban resultando útiles. En la siguiente jornada del sueño, decidí comenzar la modernización del ejército humano. El primer golpe de efecto fue la incorporación de las mujeres al combate. Por alguna extraña razón, en aquella sociedad les costaba aceptar la idea de que una mujer luchara tan bien como un hombre. En algunos países en mi mundo había objeciones, pero estaban más encaminadas hacia la injusta desventaja que tendrían en caso de ser capturadas. Ni siquiera en la guerra éramos capaces de respetar al enemigo... matarlo o dejarlo prisionero.

Cualquier mujer que hubiera caído en medio de soldados enemigos con semanas en el frente, se habría convertido en poco más que un juguete sexual. Pero en otras realidades, parecían tener las líneas mejor delimitadas y sus únicas objeciones eran cualitativas, algo que se arreglaría con el entrenamiento. Había muchas mujeres que querían participar en la lucha, su contribución aumentaría nuestras fuerzas en número e incluso si las menos aptas para infantería tiraban con arco, liberarían del servicio a muchos combatientes que eran buenos en las dos disciplinas. En la explanada de entrenamiento, los ánimos estaban tirantes; ninguno de los instructores estaba entusiasmado con la idea de cambiar el estilo de combate que habían heredado de sus antecesores. Incluso Vhamel pensaba que aquellos cambios iban más allá de los ajustes estratégicos, y no le faltaba razón.

-Señores y Señoras, bienvenidos a este programa de entrenamiento intensivo. El objetivo será darles el impulso que les falta para complementar sus nuevas armas y armaduras. No piensen en mí como en uno de sus monitores de combate; tan solo soy un consejero que ha tenido el honor de participar en su entrenamiento. Ellos harán todo el trabajo duro y por tanto tendrán todo el mérito.

Sabía perfectamente que cosas como aquellas solían dejar a la gente tranquila... No me importaba lo más mínimo quién se llevara el mérito de aquello mientras yo consiguiera mis objetivos. Con cada nueva técnica de combate, los alumnos adquirían mayores ventajas. Había decidido centrarme en enseñarles unos cuantos trucos que había aprendido a lo largo de los años. La mayoría de las técnicas de espada procedían del Aikido, la mayoría de los ataques contra escudo los había visto solo en libros, pero casi todos los recursos que fuimos poniendo en práctica parecieron funcionar bastante bien. Había un pequeño problema… yo nunca había entrenado tiro con arco, ni kyudo japonés; no se me ocurría nada que hacer con los arqueros… A decir verdad sabía mucho menos que cualquiera de ellos.

Decidí centrarme en su posicionamiento. Recordaba algunos juegos de estrategia donde los arqueros se posicionaban más juntos para obtener mayores ventajas del terreno. Me dispuse a hacer varias pruebas y gracias a la paciencia de todos, conseguimos llegar a una formación más útil. Se trataba de posicionar una fila de arqueros con una rodilla en el suelo, intercalados con otra segunda fila de arqueros de pie. De esta forma se podían añadir más de ellos en el mismo espacio. Se me ocurrió una idea bastante interesante. La última fila de infantería portaría unos grandes escudos inclinados, de forma que los arqueros pudieran disparar y cobijarse debajo inmediatamente después, para evitar bajas. Dos o tres rondas siguiendo esa estrategia y habríamos causado un daño irreparable.

Otro de los elementos que había decidido incorporar eran fuerzas laterales que ganaran el flanco a la infantería. En aquel mundo no existían los caballos, por lo que tendríamos que suplir el papel de la caballería como elemento decisivo o de sorpresa. Ganando los laterales mientras el combate frontal es defensivo, iríamos eliminando la anchura del frente de infantería contrario haciendo posible esos movimientos en U, que caracterizaban algunas de las batallas más famosas de la Segunda Guerra Mundial.

Los entrenamientos con el ejército siguieron su curso de forma normal, y yo sentía que cada cambio introducido era un paso más en la dirección correcta. Me desperté aquella mañana con la firme intención de encontrar más claves estratégicas que pudieran ayudar a aquella gente en la batalla que estaban a punto de librar; la batalla de Shahlagh. El nombre era el de la zona de la frontera entre los dos principales territorios de cada cultura.

Tenía algunas ideas estratégicas que se usaron en China hace muchos siglos. Siempre me había desconcertado el hecho de que se hubieran mantenido en su territorio durante miles de años, teniendo en algunos momentos, mayor poder militar que muchas naciones europeas. Lo que no podía negarse, era que sus tácticas de combate resultaban adecuadas para la situación en la que se encontraban los humanos de Fherelen. Continué estudiando aquella forma de concebir el combate; la guerra de desgaste. Uno de los episodios bélicos llamó mi atención. Se trataba de "Los caballos del rey Li".

Dos reyes chinos de distintas provincias se retaban año tras año para ver quién tenía los caballos más rápidos. El rey de Li siempre perdía frente a su homólogo, por lo que pidió consejo a un general muy sagaz. Aquel hombre examinó el sistema de la competición. Los caballos de los soldados, los de los oficiales y los de los generales se batían en sus respectivas categorías, dado que la rapidez del caballo iba aumentando cuanto más importante era el jinete. El general concluyó que los caballos de Li de los soldados correrían contra los de los generales del otro reino, ya que esa carrera estaba perdida de antemano. Los de los oficiales de Li se enfrentarían a los de los soldados rivales, ganando fácilmente y los de los generales se enfrentarían a los de los oficiales rivales, con idéntico resultado favorable. En la clasificación global serían dos victorias de tres para Li, ganando la competición. Dado que el rey de Li apostó gran parte de las finanzas del reino a esa carrera en la que el rey rival no sospechaba la estrategia, aquel momento marcó un antes y un después en la historia de China.

Todo ese trabajo de estudio y planificación... y quizás nada de aquello llegase a necesitarse si mis planes funcionaban como yo había previsto.

CAP 11

Al abrir los ojos me encontré en medio de una batalla que parecía haber sido organizada siguiendo mis instrucciones al detalle. No eran apuntes especialmente inteligentes, pero aquella gente desconocía casi por completo las múltiples lecciones que mi mundo era capaz de ofrecer en temas bélicos. Meses de entrenamiento habían elevado a los soldados humanos por encima de los vampiros. Sus armas eran más ligeras, bloqueaban con la izquierda y empujaban antes de cortar ellos. Las tropas se situaban en sitios altos, esperando a que el enemigo viniera y se cansara. El terreno mojado tras la lluvia ofrecía un campo de tiro perfecto para los arqueros, unidades de apoyo recogerían a los heridos, las líneas de combate se retirarían a la parte trasera tras matar a dos enemigos, cambiándose por otro soldado fresco. Tres emboscadas en diferentes zonas del campo de batalla garantizaban que la élite de los vampiros moriría allí aquel día.

Contemplando la disposición de los ejércitos desde el acantilado y las innumerables ventajas con las que había inclinado la balanza del lado de los humanos ni siquiera tuve curiosidad por ver cómo resultarían mis planes. Tampoco tendría ocasión de comprobar el alcance de aquellas medidas, ya que los vampiros ni siquiera iban a combatir aquel día...

Una vez abajo saludé a algunos de los soldados y oficiales y les di la enhorabuena por sus esfuerzos hasta llegar a aquel punto en el que nos encontrábamos. La confianza de mis palabras disipó cualquier duda sobre el hecho de que su victoria sería total aquel día.

-Tropas de Fherelen... Es un honor para mí haber participado en vuestra formación. No os equivoquéis, si estáis aquí hoy es porque os lo habéis merecido. El destino nos ha puesto a todos a prueba y así hemos respondido... Con más entrenamiento, con mejores armas y con una voluntad sinónimo de victoria. Cada uno de vosotros sabe lo que pasará hoy aquí. Será una carnicería donde los cuerpos de los vampiros se apilaran por millares, y donde los pocos que queden volverán arrastrándose al agujero del que salieron, maldiciendo el día en que se enfrentaron a vosotros. Hoy es el día en que la modernidad se enfrenta a los errores del pasado. ¡Hoy es el día en que la amenaza muere!

El rugido de los ejércitos sonó en aquella tierra como un preludio de la masacre que se iba a cometer. Montando en carros soportados por bolas imantadas en lugar de ruedas y propulsados por alguna reacción química, a la que había que añadir líquidos al final de la jornada, los representantes del consejo permanente fuimos a parlamentar con los líderes vampiros antes de la batalla. Una de las pocas tradiciones que parecían ser comunes a nuestros dos mundos. Aquellos adversarios emanaban respeto. Había concebido la entrevista como una buena ocasión para conocer cómo y por qué había comenzado aquella guerra. Pero mis planes cambiaron totalmente cuando la vi a "ella"...

¿Qué hacía ella en aquella tienda de campaña? ¿La hija de algún general quizás? ¿Una invitada noble? Su piel era totalmente pálida, sus labios rojos como recién mojados en sangre, sus cabellos de un extraño color rosa caían perfectos sobre su vestido blanco, y sus ojos azul violeta parecían paralizarme el corazón. Su expresión era de deseo... pero un deseo cruel, como si estuviera preguntándose a qué sabía mi sangre. Antes de sentarme en el suelo de aquella especie de pabellón de campaña me acerqué hasta donde estaba mi vampira...

-¿Me recuerdas en...?

-Cállate...

Me agarró de la túnica y me besó con una rapidez imprevista... Cuando estaba a punto de acariciar sus caderas, sus colmillos derechos hicieron una pequeña hendidura en mi labio de la que comenzó a derramarse algo de sangre. El beso continuaba entonces... solo para que ella pudiera satisfacer su curiosidad con los ojos cerrados. Se separó de mí todavía sin abrirlos y exhaló un suspiro a medio camino entre el placer del reencuentro y el sexual.

-Veo que has cambiado bastante... Tienes que explicarme cómo el...

-La batalla esclavo... Tendremos tiempo para eso después... ;)

-¿Esclavo? Hmm… ya corregiré más tarde tu actitud de niña mala… Si me disculpas, tengo que aceptar una rendición incondicional.

Salí de la tienda intentando frenar la sangre del labio mientras Vhamel y el resto de los consejeros empezaban a buscar posibles soluciones para evitar la tragedia. Saqué un señalizador de un compartimento de mi túnica y les pedí que antes de continuar salieran fuera. Comencé a desenroscar el cordel del señalizador y a darle vueltas en el aire. El sistema me recordaba al de los aborígenes australianos, pero este estaba más perfeccionado y el sonido que producía al girar se oía a bastante más distancia.

Al escuchar la señal, la última fila de combatientes destapó las telas que cubrían unos enormes cilindros de metal… Azufre, carbón y salitre… Tres simples elementos que iban a ganar una guerra sin un solo muerto… A no ser que alguien sufriera un infarto de la impresión. Esos tres elementos juntos en la proporción adecuada formaban pólvora. Una pólvora que los alquimistas Fherelianos habían estado mejorando y produciendo durante semanas. Todo el esfuerzo para mejorar aquel ejército pasaba a la categoría de entretenimiento. Los veinticuatro cañones concentraron su fuego en una montaña cercana, y ante la incredulidad de unos y otros, a la segunda ráfaga de disparos la roca se derrumbaba como si estuviera hecha de papel. Sonreí a los generales vampiros y tranquilicé sus temores. Ni yo ni el consejo humano tenía intención de acabar con ellos aquel día.

En lugar de eso entramos de nuevo en la tienda para negociar, conociendo ahora los términos en los que llegaría la paz a los dos pueblos. Estaba bastante orgulloso de mí mismo. Ganando una guerra sin una sola víctima. Me imaginaba como debieron sentirse los primeros generales chinos que usaron la pólvora por primera vez... Era increíble que casi nadie en mi realidad supiera que ellos y no los europeos habían sido los primeros en usar la pólvora en combate y no como simples fuegos de artificio.

Los términos de la rendición eran bastante justos... no en vano habían sido diseñados semanas antes mediante la ética. Pensé que en un mundo como aquel, un intercambio de invitados sería lo más útil. Humanos y vampiros conociéndose mejor mutuamente, aprendiendo a convivir lo suficientemente bien como para que si hay otra guerra, esté basada en hechos y no en los miedos irreales de siempre. Empezaba a molestarme la altivez con la que me miraba mi vampira... como si en lugar de sorprendida y derrotada, hubiera sabido de antemano lo que iba a pasar aquel día y estuviera deseando que acabara aquel episodio de entendimiento entre pueblos para dar paso a nuestra historia.

CAP 12

Aquella noche se celebraba una cena de gala... al aire libre. Una especie de merienda campestre. Era un concepto totalmente nuevo para mí. Nunca había asistido a algún evento realmente elegante y esperaba que mi primera vez fuera en enormes salones con músicos y lámparas colgantes. Los responsables del comité diplomático pululaban por los alrededores previniendo a los invitados para que no cayeran en alguna ofensa involuntaria, y sobre todo rechazar cualquier oferta de bebida... seguramente sería sangre. Señalar las cosas que me sorprendían allí podría llevar demasiado tiempo. Las túnicas de gala, la ausencia de uniformes o medallas, la inexistencia del alcohol, la naturalidad con la que todos se sentaban sobre la hierba... Parecía más un picnic que una cena. Ni mesas, ni sillas, la iluminación tenue les resultaba algo brillante a los vampiros. Parecía penoso que aquellos pueblos estuvieran dispuestos a matarse hace días y ahora compartieran historias, ávidos por saber más de la persona que tenían enfrente. "¿Cómo son vuestras escuelas?" "¿Todos los vampiros bebéis sangre?" "¿Qué celebraciones tenéis?" "¿Es verdad que la sangre humana era un manjar?"... Casi todo giraba en torno a la sangre y a mí me habría interesado más saber su historia, su organización, sus inventos...

En la sección en la que estábamos los miembros del consejo se propuso una "junta". Todos los miembros de un círculo ponían su mano derecha en el centro, una sobre otra. Como hacían los equipos de deportes raros en las películas, pero sin levantarlas al final. Durante el discurso que fueron dando los regidores de ambas sociedades, los miembros del consejo humano presentaron mi último toque al plan de paz. Tribunales mixtos formados por miembros elegidos en base a sus habilidades éticas. Ni siquiera se me ocurrió encargar la redacción de leyes o códigos... tenía claro que si las leyes emanaban de la justicia, y esta a su vez de la ética, yendo a la fuente se solucionarían mejor los conflictos. Sí puse el apoyo de los precedentes legales. El respeto a la ética tanto en sociedad como en tribunales devolvería a los dos pueblos al buen camino. Al fin y al cabo... ¿quién querría hacer algo sabiendo que está mal? Solo un estúpido insistiría en ir por ese camino. Pensé en mi hermano, en los sobornos, en cómo me sentía responsable por no haber podido enderezar a aquel político al que limpiaba los mocos cuando era niño. Décadas después, aún me sentía responsable de los fallos de mi hermano pequeño como si fueran los míos propios.

Mi vampira se acercó sigilosamente detrás de mí y colocó un pequeño cuchillo en mi garganta...

-Quiero hacerte daño... :p

-Como sigas por ese camino vas a provocarme una erección épica... Y estando tan pálida no me extrañaría que te desmayases si hacemos algo al respecto :D

Me disponía a desarmarla cuando noté un segundo cuchillo en su mano izquierda. La única opción habría sido un cabezazo hacia atrás... algo imposible. Ella parecía saberlo y hundió ambos cuchillos un poco más, hasta que empezó a doler de verdad, no había nadie a mi alrededor y comencé a sentirme lento.

-Me llamarás Helena. Te he estado esperando desde que era una niña. No me imaginaba que fueras tan mayor... Me gusta. Estamos perdiendo el tiempo... vamos.

-Espera... déjame despedirme de... de... la... la...

Me desperté encadenado de pies y manos, estaba desnudo y cubierto solo por un taparrabos en lo que parecía ser una gran casa hecha de un material a medio camino entre el plástico y la madera. El fuerte dolor de cabeza y la poca movilidad en mis dedos me hicieron comprender que aquellos cuchillos eran algo más que parte de un juego de poder. Mi boca estaba totalmente seca, por lo que debía llevar allí varias horas. Los vampiros eran fuertes, pero Helena no habría sido capaz de llevarme ella sola hasta aquel sitio, y encadenarme inconsciente. Para levantar un peso muerto de ochenta kilos habría necesitado ayuda. Su nombre era sospechoso... "Madison" se lo había dado yo, "Lara" es una combinación de cuatro letras bastante común, pero "Helena" tenía una etimología un tanto peculiar. Difícilmente se habría producido en otro planeta sin ninguna relación con la

Tierra. No tenía ninguna mano libre para intentar algo y las extrañas cadenas con eslabones cuadrados eran demasiado grandes para romperlas. Los pasos de Helena me sacaron de mis pensamientos... su forma de caminar era hipnótica y su presencia estaba llena de un misterio que me intrigaba.

-¿Tienes sed? Yo también... pero primero bebe tú un poco :)

-No estoy diciendo que estar aquí colgado no sea erótico... pero ¿era necesario drogarme?

-Eras más complaciente en los sueños... ¿Qué te ha pasado?

-Hmmm... ¿De qué sueños me hablas?

-Tú... siempre me llamabas "Señorita"... Eras más joven y me tratabas... como... una princesa. Me prometiste que algún día estaríamos juntos.

-Errr... Helena... No recuerdo esos sueños... Estoy aquí porque me pediste que te salvara, ¿recuerdas el bosque? ¿Cuándo eras una ninfa? ¿Una sirena?

-¡No! ¡Mientes! Lo recuerdas todo. Me prometiste que vendrías y estás aquí...

-Helena, te creo, pero esos sueños... Yo aún no los he vivido...

-¡No eran sueños! ¡Tienes que recordar! ¿Qué te ha pasado?

La respiración de Helena comenzaba a hacerse más y más agitada hasta que se desmayó sobre aquel suelo artificial. Encadenado... grité su nombre varias veces. Estar a dos pasos de ella sin poder ayudarla me estaba desgarrando por dentro... Mi corazón latía con fuerza y las lágrimas comenzaron a brotar de mis ojos mientras repetía su nombre sin ser capaz de tocarla. Furioso, intentaba arrancar las cadenas una y otra vez entre gritos hasta que me fallaron las fuerzas y la piel de mis muñecas comenzó a sangrar... Helena se levantó sonriente...

-Vaya, de verdad me quieres... Eres más de lo que había imaginado. Fíjate, hasta te has hecho sangre intentando ayudarme... :)

Por primera vez en mucho tiempo me había quedado sin palabras. Me sentía profundamente traicionado; paralizado ante la idea de que mi ninfa inocente se hubiera convertido en aquella criatura que parecía deleitarse con mi sufrimiento... Ya no se trataba de un juego erótico, sino de un engaño usando mis sentimientos hacia ella. Se acercó con expresión dulce y comenzó a lamer la sangre que caía desde las heridas de mis muñecas hasta mis hombros. Lo hacía lentamente, como si estuviera saboreando más el momento que el gusto por la sangre fresca. Apartó sus hermosos cabellos rosados con una mano y se limpió los restos de sangre con un gesto elegante y estudiado de su dedo anular.

-¿Todavía me quieres?

-Por supuesto Helena… Pero no entiendo por qué prefieres verme sufrir a hacer el amor.

-¿Me querrás después de todo lo que pienso hacerte? ;)

-… ¿Cuál es el plan? ¿Torturarme hasta que compruebes que te sigo queriendo hagas lo que hagas? ¿Vas a ponerme a prueba con dolor cuando podríamos estar besándonos y teniendo sexo salvaje? ¿Es ese el plan?

-Nooo… Ya sé que me seguirías queriendo :) Eso es lo divertido… como en los sueños. Iremos lentamente hasta que ya no puedas más… ¿Serías capaz de dar tu vida por mí? Los dos seremos felices, yo sabré que te importo más que tu propia vida, y tú sabrás que tu gesto me ha salvado…

-¡No! No es como debería ser… ¡Tú jamás me harías daño! ¿Qué es esto?

-La verdad… sonarías más convincente si no estuvieras tan… excitado. El taparrabos te da un toque tan sincero… ;)

Durante las siguientes horas que permanecí encadenado en aquel lugar, Helena me convirtió en un macabro pasatiempo. Algo pasaba en mi mente mientras sus mordiscos marcaban mi cuerpo… Una mezcla de erotismo y sensación de culpa. Sabía cómo iba a acabar todo aquello y cada latigazo me acercaba más al clímax de aquel sueño. Entre el dolor y la pérdida de sangre comencé a entrar en un estado de semi-inconsciencia permanente.

-Cuéntalos y dame las gracias o volveré a empezar...

-1... gracias señorita Helena... 2... gracias señorita... Aaaah! 3... gracias señorita...

-¿Me sigues queriendo?

-... Yo... sí Lara...

-¿Cómo me has llamado? Tendré que volver a empezar...

-No... por favor... yo... no tengo fuerzas... de...

La sonrisa de Helena parecía tan llena de razón... Empecé a resignarme. Comenzaba a pensar que aquello era lo que debía pasar. Tras horas de torturas y mordiscos mi mente iba poco a poco deseando más y más de aquello. Como una especie de extraño síndrome de Estocolmo donde la estrategia del cerebro ante lo inevitable era generar endorfinas y comenzar a cambiar el dolor por el placer. Me había convertido en un animal caído en una trampa; una presa que poco a poco deja de retorcerse y asume que va a morir.

-Helena... Señorita... yo... por favor, tiene que haber algo más que podamos hacer...

-Hmm... tienes razón :)

Sacó uno de sus cuchillos y empezó a hundirlo en mi pecho.

-En uno de los sueños grabamos nuestras iniciales en una roca... ¿No te importa que lo vuelva a hacer? :D

-Este... cuerpo no es mío...

-¿Qué? ¡Ni siquiera tiene sentido lo que dices! Espera... ¿Estás diciendo que este cuerpo es mío y no tuyo? Parece que vas aprendiendo... :)

Había intentado convencerla de cien maneras distintas... Deseaba que aquello acabase y al mismo tiempo anhelaba, por alguna extraña razón, demostrarle que podía soportar más y más dolor... la locura empezaba a apoderarse de mí. Pensaba en el pobre Tekka y en cómo se iba a sentir al ver dónde estaba y comprobar lo que sucedía a su alrededor.

La comida que me daba Helena parecía devolverme las fuerzas más rápido de lo que cabría pensar... Mis cadenas solo se alargaban para ir a un tipo de baño del que salían chorros de agua de los lados y del techo. Cada vez que me arrastraba hasta ese lugar volvía limpio y chorreando un líquido con cierto aroma a desinfectante… Mis heridas parecían cicatrizar antes de que se abrieran otras nuevas, y Helena sonreía con cada nueva idea. Clavaba sus uñas en mi espalda mientras me besaba, diciéndome que todo acabaría pronto. Debía cambiar de estrategia antes de terminar ese sueño con una derrota absoluta… Decidí que la única forma de mover algo las cosas era ir totalmente contra el esquema que ella tenía preparado.

-Señorita… gracias. Yo… soy feliz…

-¿Feliz? ¿En serio? :)

-Sí… El dolor… es… me purifica… Si esto es lo que debe salvarte, estoy feliz por poder ser útil…

-¿Tan pronto? ¿Vas a suplicarme como en los sueños? ;)

-Sí Helena… me gustaría… ser tu esclavo. Me habías llamado así durante la batalla… me decías antes que… te trataba como una princesa. ¿Podríamos hacer lo mismo que en los sueños?

-Hih hih :D Pero sabes que vas a morir igual ¿verdad?

-Si señorita… Me gustaría que mi muerte significara algo más… No solo estar aquí colgado…

Helena pareció intrigada por mi explicación, y no tuvo que ir muy lejos para buscar un collar de control, lo que me sugirió que, o bien ese era el recorrido que tenía previsto desde el principio, o bien había escogido la otra opción de las dos posibles. En cualquier caso, el momento en el que me colocó el collar e intuí su funcionamiento, no pude reprimir una sonrisa que Helena interpretó como la señal que marcaba la aceptación de mi rendición... Estaba muy equivocada...

CAP 13

El collar de control tenía tres círculos que producían un sonido insoportable cuando Helena pasaba la mano por una placa de un metal dorado y poroso. Era como si las vibraciones de un metal tuvieran efecto en el otro y creara un tipo de sonido que se incrustaba directamente en el cerebro... Era imposible no derrumbarse en el suelo cuando accionaba aquel artilugio.

-¿Te gusta? No es tan elegante como las cadenas pero es más práctico :)

-Helena... ¿Puedo besar tus pies? Son tan delicados... Es algo que he querido hacer desde que nos conocimos...

-Quiero estar sentada cuando lo hagas... sujetarás cada pie y si no me gusta lo que haces te volveré a colgar. ¿Has entendido? :)

-Sí Helena...

Comencé a besar sus pies con tanta ternura y devoción como me fue posible fingir. No es que no me gustaran aquellos juegos...

simplemente, aquello no lo era. La razón por la que me gustaba ceder el poder era que me relajaba de mantener siempre el control, de ser siempre el que estaba por encima de todo y de todos. Para mí los juegos eróticos en los que era dominado no pasaban de una afición interesante. En cierto modo era como el hombre de negocios que se relaja trabajando los fines de semana en su jardín. Esa persona no habría disfrutado dejando su trabajo y cambiándolo por ocho horas diarias de jardinería... yo tampoco. Estaba demasiado acostumbrado a ser superior... Me encantaba el poder.

-Dentro de cuatro días invitaré a mis amigas. Quiero que vean en lo que te has convertido...

-Sí Helena... puedo...

-¡Oh! Ya sé lo que quieres :) Concéntrate en un pie y yo jugaré con el otro... ;)

Helena puso su pie entre mis piernas de una forma sensual y llena de elegancia, y comenzó a moverlo. Su vestido ondulaba suavemente con cada gesto suyo, y su atención estaba puesta en mis ojos. Su mirada me indicó que algo podía salir mal... Estaba demasiado expectante, y no solo por jugar conmigo hasta llevarme al clímax. Mi erección era totalmente real, en aquel momento estaba a punto de recuperar el control y todo volvía a ser un juego. Su jugueteo por fin tenía resultados... había llegado al clímax.

-Yo... Soy feliz Helena

-Lo sé... ;)

-No... no lo sabes aún ;)

Me llevé las manos hasta el taparrabos y utilicé mi propia sustancia como aislante en el mecanismo del collar. Helena me apartó con el pie y alcanzó el controlador del dispositivo... Las soluciones aceitosas aíslan el sonido bastante bien. Algo que estaba a punto de inclinar la balanza a mi favor. La agarré del tobillo y me levanté hasta ponerme a su nivel, con una expresión de deseo y venganza le dejé que probara a utilizarlo; lo aparté de sus manos de un manotazo y se estrelló contra la pared rompiéndose en varios pedazos.

-¡Llamaré a los guardias!

-Helena... por favor piensa un poco. ¿De verdad crees que es posible secuestrar al miembro del consejo que ha traído la paz, en medio de una fiesta con cientos de invitados? ¿Cuánto calculas que tardarán en encontrarme? Incluso si estuviera solo ante los guardias, ¿cuál era el plan? Te has olvidado que yo personalmente he entrenado a los soldados en combate? ;)

-No tengo guardias... ¿Qué vas a hacerme ahora? :(

-¡Hah! :D Zorrita mala... no pareces muy sorprendida. Ahora... voy a tener que castigarte... y lo sabes. No tienes ni idea de las cosas tan sorprendentes que he aprendido en mi mundo :)

-¿Y crees que te voy a dejar? :p Sigues siendo un humano...

Coloqué dos de mis dedos en un lateral de su cuello y apreté ligeramente. Helena cayó de rodillas y sujeté su brazo para que no se hiciera daño. Casi todas las técnicas interesantes estaban situadas alrededor del cuello. En otras circunstancias le habría dado la oportunidad de defenderse, pero el tiempo apremiaba... podía despertar en cualquier momento.

La coloqué sobre mi regazo, levanté su vestido y comencé a azotarla mientras se mordía el labio e intentaba contener las lágrimas. Hacía pausas breves donde le iba preguntando cosas.

-Eres un juguete... lo sabes ¿verdad? :)

-Sí :(

-Sí... ¿qué?

-No sé...

-"Sí… señor", te cuesta aprender, ¿verdad? Pero no te preocupes… cuando acabe contigo serás una niña dulce y obediente ;)

-No soy una niña…

-Ahora sí :) Te has portado mal demasiado tiempo… Te encanta que te controle ¿verdad? Dímelo. Quiero oír cómo reconoces que esto te gusta… ¡Dímelo!

-…

-Te acabas de ganar diez azotes… ¿Quieres que siga hasta que ya no puedas más? :D

-¡No! ¡Por favor! Sí… me gusta… es… como en los sueños…

-¡Qué muñequita más linda! :D Y vas a hacer todo lo que yo te diga… ¿no es cierto?

-Yo… Sí señor… :(

-Muy bien. Puedes levantarte. Quítate el vestido lentamente enfrente de mí. Mientras lo haces me irás contando todo acerca de tu vida, tu infancia, esta casa, los sueños… Todo. Si sospecho que escondes algo volveré a hacerte llorar. Si estoy contento con lo que me cuentas, volverás a probar mi sangre. Empieza esclava.

-Sí por favor… sangre…

-¡Juguete tonto! :D Primero dímelo todo.

Helena comenzó a contarme todo lo que yo no sabía de su historia. Sus padres estaban en una especie de peregrinaje vampírico por una serie de castillos; algo que no me interesó en absoluto. Su tío era uno de los vampiros en la tienda de campaña, aunque no habló durante la negociación. Tuve que reconocer que su cultura parecía más interesante que la de los humanos de ese planeta. Mientras hablaba, le iba indicando movimientos y posturas que quería ver. A medida que sabía más de ella sentía como podía penetrar en su mente. Era una criatura fascinante... El interés que me despertaba se mantenía constante y a la vez creciente en cada una de sus formas. Era desconcertante que en Helena la inocencia estuviera envuelta en esa pasión por el dolor y la sangre. Cuando tuve toda la información necesaria, comencé a leer su mente como un libro al que solo yo habría podido llegar jamás.

-Verás juguete... Cuando te miro ¿sabes lo que veo? Veo a una chica que está deseando clavar sus colmillos en mi brazo, y al mismo tiempo veo claridad... poesía en cada uno de tus movimientos. Crees que debes debatirte y luchar entre tus impulsos y tu naturaleza, pero no es así :) Me gusta que seas dulce y a la vez traviesa... inocente y cruel al mismo tiempo. No tienes que cambiar nada Helena. Pensé que tendría que venir a este mundo a salvarte de ti misma... cuando en realidad me encanta como eres. Lo único que te falta... es aceptar cómo eres, y comprender que te quiero así :)

Helena me miró en silencio... y comenzó a llorar con una expresión serena en su rostro. Era como si hubiera sido liberada de un peso inmenso que arrastraba desde el momento de su nacimiento. Sin embargo, comprendía que mis palabras eran sinceras... No tenía que avergonzarse de aspectos de su personalidad, o silenciarlos... Me gustaban todos. La hacían interesante e irresistible para mí, y aquello era lo que siempre había deseado. Ser ella misma... oírme decir esas palabras mágicas:

-Helena... me gusta cuando me muerdes... y cuando me acaricias ;)

Durante los días siguientes me dediqué a satisfacer sus deseos más traviesos, aunque no era tan brutal como ella, porque me habría sido realmente difícil hacerle daño; iba contra mi naturaleza. Prefería jugar con su mente; decirle que nuestros alquimistas estaban desarrollando una cura para el vampirismo, y ver cómo dudaba sobre la verdad de mis palabras. Se había pasado toda su vida, sus escasos veinte años, soñando con el hombre que se le aparecía en sueños. Su naturaleza era compleja y misteriosa; esas facetas suyas también me complementaban bastante bien. Aquellos juegos eróticos de poder, forzaban mi personalidad hasta zonas en las que pocas veces entraba; zonas que me resultaban enigmáticas.

Me apetecía hacer varias cosas con ella. Ninguna de mis ideas habría surgido con mi ninfa o mi sirena... pero con Helena era distinto. Antes de experimentar lo que ella solo había vivido en sueños, le ordené ir a por papiro y algo para escribir. Le dejé una nota a Tekka diciendo que se mantuviera alejado de la habitación donde estaba Helena, que disfrutara de aquellos días de descanso en el jardín o visitando las ciudades cercanas antes de acostarse en aquella casa. Nunca llegó a ver a mi vampira; ambos pensamos que sería mejor así. Nada de aquello habría ido con mi personalidad de aquella realidad. Me preguntaba cuál habría sido la contribución de Tekka a la imagen global de mí mismo... debía ser un diplomático bastante bueno, pero era callado y reservado. Sentía pena por él, por mí, por el hecho de que hubiera perdido a su familia de esa forma. Aunque no me sentía atado a él; nada de lo que hacía antes de mi llegada parecía encajar con el resto de mis vidas y dudaba a menudo si él era mejor o peor que los otros. Cierto que no había conseguido nada en aquella realidad, pero todos los que me hablaban de él me permitían intuir cosas que me faltaban a mí. Él no tenía espíritu guerrero... pero era el único de todos nosotros que había tenido a su hija en el regazo y la había escuchado reírse. Había sentido su abrazo y el de su mujer. Tekka era, en cierto modo, el hombre de familia cuyas experiencias yo no tendría... porque estaba obsesionado con mi ninfa, con mi sirena, con Helena...

-Llevas un par de días sin beber sangre... Seguro que harías cualquier cosa por un poco ;)

-Grrrr... :p

-Quiero que te quites ese precioso vestido y te quedes en ropa interior. Luego vendrás gateando hasta donde yo estoy sentado y me rogarás que te muerda el culito :) Tras esto, cantarás para mí... Quiero oír las canciones de tu pueblo. Después dejarás de ser virgen.

-Pero yo ya no soy virgen ;)

-Explícate... estás a punto de estropear el momento, juguete tonto :p

-Hih hih ;) Mis amigas y yo hemos jugado a veces... ¿No pensaste que estaría quieta hasta que vinieras? ¿Verdad? Espero que no te importe ;)

-Errr... No... no me importa... ehem... :D Pero hay un problema. Técnicamente sigues siendo virgen ;) Sería una pena dejar esta realidad sin convertirte en una mujer :p

-Hih hih :D ¡cállate! Voy a cantar para ti... después quiero sangre :)

-Ya veré si me gusta lo que veo ;) ¡empieza esclava!

Helena se movía con una magia especial. Todo en ella era hipnótico y peligroso. A veces me daba la sensación de que, pese a mi entrenamiento, solo estaba a salvo porque ella me quería así. Sus movimientos eran rápidos y precisos; era obvio que ella también tenía nociones sobre el combate... y sobre los cantos de su pueblo. El espectáculo ante mis ojos estaba a punto de pararme el corazón. Las expresiones, los sentimientos que transmitía... Su voz me atrapaba y me hacía libre al mismo tiempo, obligándome a desearla más y más.

Me levanté de repente y me enseñó sus colmillos junto con un sonido de amenaza que resultaba encantador. Cuando iba a arañar mi pecho, giré sobre mi eje colocándome a su espalda... Se había dejado ganar sin oponer mucha resistencia. La besé y la llevé en brazos hasta una de las habitaciones. Sus pies se movían ligeramente de un modo muy gracioso y me miraba con los mismos ojos de otros sueños. Sus ojos... unos ojos dulces llenos de expectación por lo que iba a ocurrir.

-Antes de iniciarte en los placeres del sexo... Quería decirte que cantas como un ángel, pese a estar más cerca de un demonio :p

-Hmm... ¿Quién te ha dicho que los demonios no cantan bien? ;)

-Me gustaría que recordaras una canción de mi realidad; cuando yo era un niño... No es muy famosa, pero siempre que la escuchaba pensaba en ti... en cuando nos conociéramos.

-Sorpréndeme... pero luego quiero sexo y sangre :p

Cuando al anochecer miras a las estrellas dime tú lo que ves.

Eres tan especial, que das valor a unas cosas que casi nadie les da.

Te he observado bien, lo justo para saber que tengo que descubrir cómo llegar a ti.

Me paso días sin dormir, tratando de entender por qué me fascinas así.

Me he deslumbrado con tu luz... No hay sitio a donde ir si no es hacia ti.

Oigo a la gente hablar, locuras respecto a ti.

Yo sé que son verdad... y adoro que seas así.

Estábamos tumbados cuando le cantaba la canción... la abrazaba de espaldas y olía sus irresistibles cabellos rosados que tenían un aroma natural y afrutado. Giró su cabeza lentamente y pude ver lágrimas en sus ojos... Su dulzura era ahora incluso más sincera y me recordaba a la de mi ninfa, aunque la de Helena era distinta. Era la primera vez que la veía sonrojarse y le pregunté si le habían cantado alguna vez… me dijo que no en un susurro casi inaudible y le ofrecí más líneas que había escuchado o leído en mi realidad, algunas quedaban muy raras traducidas, pero desgraciadamente no habría podido cantarlas en el idioma original en medio del sueño.

Me lo diste todo, me cogiste de la mano

Perritos, piezas de construcción y castillos hechos de arena

Me diste el valor de abrir mis alas recién estrenadas…

Creo que eres mi héroe y hay algo que debes saber… quiero que lo entiendas

Así que lo cantaré despacio: si no fueras un hombre, y también mi padre,

te compraría un anillo y después me casaría contigo.

Pensé que Helena no entendería la canción traducida a su idioma, pero me miro serena, me acarició la mano con sus suaves dedos y me dijo:

-Daian… echo de menos a mi padre… :(

-Yo también al mío princesa… yo también…

-Hih hih… es la primera vez que me llamas así sin que tenga un látigo en la mano :p ¿Qué le pasó a tu padre Daian?

-Él y mi madre… murieron en un accidente de coche. Mi padre tenía que dar una ponencia en un congreso sobre cirugía. Siempre que cogían el coche les decía que tuvieran cuidado… Aquella tarde habíamos discutido por una tontería que ya no recuerdo… y no les dije nada. Me llamó la policía. Al conductor borracho que chocó con ellos no le había pasado nada…

-Lo siento muchísimo… ¿Qué hiciste después? :(

-Leer tres meses seguidos sobre criminología, comprarme un traje de plástico, guantes, una máscara de látex bastante cara y una pistola con silenciador. Cuando llegué a su casa me lo encontré tirado en el suelo con un bote de pastillas vacío. Podía sentir la voz de mis padres… llamé a una ambulancia y me fui del lugar.

-Eso es… no sé lo que es. Yo lo habría rematado :p

-Ya… pero tú tienes tendencias de psicópata y por eso tengo que venir a salvarte a este mundo :p ¿Me lo parece a mí o el trato entre vampiros es más frío que entre humanos?

-Hmm… Las relaciones entre vampiros no son… fluidas. Nunca me había importado hasta que cantaste esa estúpida canción… :(

-¿Quieres otra canción niña linda?

-¡Siiiii! :D

Lentamente el verano va llegando a su fin.

Adiós a la dama silenciosa que me entregó su amor.

Solo tú sabías que mis besos eran sinceros...

Aunque me caiga me volveré a levantar con tu imagen en el firmamento.

Tu recuerdo permanecerá vivo siempre, incluso si me pierdo.

Incluso si estoy con otra, aun cuando ella no sea tan hermosa.

Helena escuchaba cada canción... cada poesía. Con cada verso iba penetrando más y más en su corazón. Hasta que me abrazó más fuerte y me suplicó que no me fuera, que no dejara de estar con ella, que olvidáramos todo y estuviéramos juntos para siempre. Me mordí el labio hasta hacerme sangre y la besé tiernamente.

-Daian... gracias...

-¿Por qué? :) ¿Por los besos o por las canciones? ;)

-Por abrirme el corazón... ¿Qué haré cuando te vayas?

-Mirar al cielo todas las noches que estés triste y saber que hay otra realidad en la que estamos juntos. Disfrutar de la paz que vive tu mundo ahora y ser feliz aprendiendo todo lo que puedas hasta nuestro reencuentro... Esto no es un final Helena, es un instante en el tiempo y tu y yo pertenecemos a lo eterno. Yo estaré solo en mi mundo pensando en tus besos, en tus preciosos ojos, en tu pelo rosa... por cierto, ¿por qué es de ese color?

-No sé... mi madre lo tiene igual. El más raro es el violeta... mi abuela lo tenía así. Conoció a mi abuelo cuando él dejó el monasterio. Mi abuelo era contrario al uso de la violencia, mi abuela entonaba canciones... No eran como las tuyas, sino como las que yo te he cantado antes; solo música sin palabras.

-Ayyyy... cada vez me recuerdas más a tus otras versiones. Tendrías que ver algunas de las mías. Hay una en la que llevo un látigo más chulo que los tuyos ;)

-Hablando de látigos... castígame un poco :p

Jugué con mi princesa un poco más. La ataba tapándole los ojos y le mostraba placeres que solo teníamos en la Tierra. Posturas que solo habría encontrado en antiguos libros eróticos indios. Los sueños continuaron visita tras visita y aquel se convirtió en el mundo que más veces estaba visitando. A Helena le encantaban los juegos de caza cuando anochecía. Me daba un par de minutos de ventaja y salía a perseguirme por los alrededores de la casa. No fui capaz de despistarla ni una sola vez... Sin aquella batalla, los humanos habrían sido exterminados sin remedio; los vampiros tenían unos sentidos mucho más desarrollados y eran cazadores por naturaleza. Para ser sincero, me gustaba la oscuridad... sentirme presa de Helena que me acabaría encontrando hiciera lo que hiciera. Me sentía un poco culpable dejando esos mordiscos en el cuerpo de Tekka para el día siguiente, pero era imposible no mezclar la sangre en nuestros juegos sexuales cuando hacíamos el amor tras la caza.

El consejo había mandado emisarios en varias ocasiones para que Tekka... o yo regresáramos al servicio activo, pero no tuve que insistir demasiado para que aceptaran darnos a ambos un merecido descanso que yo utilizaba con Helena, y Tekka en relajarse por fin después de muchos años de duro trabajo. Un día le pregunté a Helena si la cultura vampírica tenía personas capaces de adentrarse en casos como el mío. Comprendió por qué le preguntaba aquello... mee dijo que deberíamos ir a uno de los monasterios como aquel en el que estuvo su abuelo.

Le escribí una a carta a Tekka para cuando volviera a ser él mismo pero no fui capaz de comprender mi propia letra... A veces olvidaba que estaba en un sueño. Le pedí a Helena que me ayudara. Le preguntaba a Tekka si le gustaba la idea de abrir su mente con los recuerdos que habíamos vivido en otras realidades. Su personalidad cambiaría, como la mía lo hizo en aquel sueño donde no sabía nadar. Su respuesta consiguió emocionarme:

Daian, no he vuelto a ser el mismo desde que mi mujer y mi hija murieron. Sé que tú y yo somos uno, y también sé lo mucho que amas a esa vampira. Será un honor compartir tus recuerdos. Te deseo suerte en tu misión... cuidaré de ella como si fueras tú mismo, que lo eres. Buen viaje Daian, gracias por todo.

Acompañé a Helena hasta el monasterio... Por el camino sus ojos expresaban tanta ternura... Uno de los monjes nos dio la bienvenida al templo. Era un vampiro bastante anciano pero con una mirada muy despierta. Comencé a explicarle mi historia y cada detalle le parecía más fascinante que el anterior. Helena escuchaba con desgana; no sabía muy bien qué estábamos haciendo allí y le parecía tiempo que perdíamos de estar juntos.

-Y... todo lo que pusiste en práctica en la batalla de Shahlagh ¿lo aprendiste en tu mundo? Debéis ser muy sabios... Como dioses, sin duda.

-No. A decir verdad somos bastante limitados intelectualmente hablando. Estoy seguro de que una cultura como esta aprovecharía mucho más nuestros recursos...

-No estés tan seguro Daian :O Quizás estás siendo demasiado duro con tu mundo. Las limitaciones ¡son nuestras! Has alcanzado la paz en poco tiempo.

-Con trucos baratos que ni siquiera he inventado yo. Mi realidad camina hacia una dirección distinta.... Somos como animales que siguen su instinto sin preguntarse el por qué. Nos estableceremos en otros planetas antes de comprender los sueños, la ética o nuestro sitio en el universo. De hecho... necesito vuestra ayuda en estos temas.

-¿Qué necesitas de nuestro humilde monasterio?

-Tengo un plan en mente para quedarme y a la vez irme. Confío en que sea factible.

Le enseñé las breves líneas que me había escrito Tekka y le conté nuestros planes de fundir nuestros recuerdos. Yo regresaría a mi realidad en cuanto despertara, pero a la vez me quedaría con Helena por muchos años. Ella observaba con expresión de incredulidad... como si temiese que aquella escena en el templo fuera otro de mis trabajados planes para hacerla llorar y descubrirle que era más sensible de lo que le hubiera gustado admitir.

No era así... Con la ayuda de los monjes del templo ella y yo estaríamos juntos, al menos ella y mi yo de aquella realidad. Pese a que era una locura, empezaba a sentir celos de mí mismo... del yo que se quedaría allí con ella mientras Daian regresaba a una realidad donde todo dolor físico le recordaría a ella. Era tan difícil para mí comprender que estaríamos juntos y a la vez separados por océanos de espacio y tiempo.

Le escribí un mensaje a Tekka por mano del monje:

Querido Tekka, disfruta de nuestros recuerdos. Y sobre todo cuida de Helena... es un regalo de los cielos que he tardado una vida en encontrar y ahora debo dejar marchar. Cuida de ella y ámala como si no hubiera un mañana... a veces no lo hay.

Tomé a Helena por los hombros y le rogué que no estuviera triste... Aquello solo era una despedida para mí, y al mismo tiempo iba a vivir todos los momentos futuros porque también me quedaba.

-Lo sé... pero no puedo evitar estar triste por ti :(¿Ves lo que has hecho?

-Sí... te he hecho descubrir que tu mayor fuerza es ser vulnerable. Te amo Helena.

-Te amo Daian.

-Este cuerpo no es tan joven como el de mi realidad... Temo que vuelvas a estar sola dentro de treinta años, niñita :)

-Podría alargar tu vida si te convierto... El proceso sería largo, aunque divertido. Aún tendré que estar sin ti algunos años en el futuro, pero al menos no serán tantos. Y dejarás de envejecer ;) Hmm... pero tendrás que cambiar tu dieta :D

-Esa decisión no me corresponde tomarla a mí hoy. Tendréis que decidirlo tú y Tekka juntos en unos días, si todo el proceso en el templo sale bien.

-¿Cuántas horas crees que te quedan? :(

-No lo sé Helena… pero quiero jugar contigo antes de irme… y sentir tus últimos mordiscos. Serán un recuerdo imborrable… ¡ah! y tienes que volver a cantar para mí ;)

Nos cobijamos en una cueva cerca del templo con algo de comida y agua y nos dispusimos a pasar mis últimos momentos con ella. Hicimos el amor varias veces, dándoselo todo… No había traspasado esos límites en mi realidad… Extenuados, la abracé mientras ella empezaba a cantar. Sus canciones estaban llenas de melancolía y parecían transportarme a otra época… Volví a oler sus cabellos rosas y le di el último beso antes de cerrar los ojos…

-De ahora en adelante… Cualquier dolor que sientas en tu realidad será para darme placer a mí Daian :) Cuando sufras, así como cuando seas feliz… me estarás haciendo feliz a mí. ¿Te gusta eso? Saber que hagas lo que hagas yo tendré una sonrisa en los labios… Te amo Daian…

Helena tarareaba otra canción llena de magia, que penetraba en lo más hondo de mis recuerdos… Esa melodía me resultaba tan familiar… Cerré los ojos diciéndole que la amaba.

CAP 14

Desperté muy descansado... Con la absoluta seguridad que había salvado a Helena. Liberando su corazón de aquella manera, había conseguido que encontrase el equilibrio entre la pasión y la inocencia. El gran reto de aquellos sueños no había sido la batalla, ni la paz lograda, sino el conseguir que mi vampira se sintiera amada por ser ella misma, y sobre todo... que fuera capaz de amar.

Pero ahora me sentía totalmente perdido. No tenía ni idea de cómo seguiría mi viaje, ni de qué nuevas pruebas me depararía. Era bastante frustrante cambiar una realidad donde podía estar con "ella" por otra donde todo me recordaba a mi vida anterior. Tenía tanto que agradecerle a mi mundo por lo que me había enseñado... y a la vez tanto que reprocharle por cómo era. Habría sido posible mantener el nivel pedagógico sin que todo fuera casi siempre tan brutal. Era como si todo empezara bien, con átomos funcionando en sintonía para formar moléculas que evolucionaban en microorganismos, y ahí todo empezaba a ir mal con unos comiéndose a otros en un ambiente donde había que llegar hasta los mamíferos con cerebros desarrollados para encontrar otra vez ejemplos de comportamientos éticos más elevados.

Había multitud de ejemplos de sociedades funcionando en armonía a lo largo de la historia, pero siempre parecía venir otra más beligerante y acabar con todas las maravillas, en lugar de coexistir. Ese fallo de diseño obligaba a que todo un sistema orientado al desarrollo personal se supeditase al ataque y la defensa; al matar o morir para muchos pueblos e individuos.

Tardamos muchos siglos en darnos cuenta de que una tribu orientada a la autodefensa no tenía tanto tiempo para inventar, mejorar, escribir o experimentar. Sociedades que se anclaban en el primitivismo y eran barridas por otras que sí supieron mantener un mejor equilibrio entre el conocimiento y la espada. El conocimiento era poder, el poder personal sobre el que se basaban las culturas más prósperas; aquellas en las que sus miembros eran felices y creaban felicidad para otros. Tardé horas en reunir las fuerzas necesarias para levantarme de la cama aquella mañana. Era tan doloroso perder a mi chica una y otra vez; cada nueva separación me rompía por dentro un poco más, cada nueva versión de "ella" se llevaba un pedazo de mi corazón y a la vez me entregaba un trozo del suyo.

Aquella tarde tendría que participar en una presentación de la universidad sobre el papel de la mujer en la sociedad actual. No me resultaba agradable; horas de tiempo perdido escuchando estupideces de bajo nivel intelectual a feministas embarcadas en un viaje psicotrópico para intentar cambiar la realidad. Una realidad que las aplastaba una y otra vez sin remedio.

Ya era suficientemente desesperante tenerlas en clase y hacerlas llegar a esos silencios al borde de las lágrimas; la lógica no era su fuerte, y con el paso del tiempo perdía más y más la paciencia con cosas como estas. Todas aquellas conversaciones eran igual de irrelevantes:

-No hay igual número de mujeres que de hombres en puestos directivos... ¿No le parece injusto profesor?

-En realidad no. Cada uno se especializa en lo que quiere... a no ser que crea usted que las empresas siguen un absurdo plan para contratar a los directivos de menor capacidad con el objetivo de ser menos competitivas pero tener más hombres en la oficina.

-No estoy hablando de eso... me refería a las diferencias basadas en estereotipos falsos...

-¿Estereotipos como el de la damisela en apuros que esta presa por el dragón representado por un machismo irracional que ignora su talento a propósito? Esperando que su caballero andante en forma de cuotas, leyes, sanciones y multas le hagan el camino más fácil. ¿Cómo la respetarían sus subordinados y compañeros sabiendo que usted está ahí por una cuota y no por sus propios medios? No me parece una buena base sobre la que pedir igualdad el jugar la carta de "soy mujer" o la de "soy de una minoría" cuando interesa.

-Pero... ¿Le parece normal que haya tan pocas mujeres en puestos de importancia?

-Di una asignatura de ética empresarial en un MBA hace un par de años. Había siete mujeres en un grupo de treinta y cinco alumnos. ¿No le parece que, aun asumiendo que todas ellas fueran mejores que otros alumnos, su presencia en puestos directivos debería estar en la misma proporción del veinte por ciento? No hay muchos hombres trabajando en guarderías ¿va a defender cuotas para ellos también o solo cuando beneficien a su género?

El trayecto hasta la universidad estuvo lleno de teorías sobre cómo serían mis siguientes sueños. Estaba impaciente por volver a ver a Helena, a Lara, a Madison... pero era consciente de que cualquiera que fuese el objetivo de mi viaje por aquellos mundos, seguiría su curso ignorando mis deseos de estar con "ella". Me preguntaba a menudo cómo afectaba el factor tiempo a todo aquello... ¿Si hubiera tenido un sueño donde Helena fuera 3 años más joven me habría recordado? ¿Habría cambiado los acontecimientos que ya habían sucedido? No tenía dudas sobre las paradojas clásicas; eran simples hasta para mis alumnos, pero la idea de soñar con "ella" antes de estos encuentros era bastante confusa.

Helena había mencionado los otros sueños que yo no recordaba...
¿Sueños de otra versión de mí mismo en otra realidad? ¿Sueños
que tendría en el futuro sin afectar su recuerdo de mí? La idea de
no volver a soñar más con mi sirena, mi ninfa o mi vampira
empezaban a minar la felicidad que habían creado. Era
reconfortante saber más acerca de quién era yo en otras
realidades, o que era amado por "ella" en muchas formas y
modos... pero también era un castigo su ausencia. Imaginar todos
los años que pasaría sin abrazarla, sin besarla, sin hacerle el amor
de mil formas... atrapado en una soledad de la que solo su
recuerdo era capaz de sacarme.

Al llegar a la sala de conferencias de la universidad me encontré
con un panorama más desolador de lo que pensaba. Mis
expectativas se habían cumplido de sobra. La gran sala estaba casi
vacía y una señora de aspecto grotesco y voz malsonante repetía
todas las obviedades que se pueden mencionar en este tema: las
chicas guapas en la publicidad son objetos, las prostitutas de lujo
que ganan más que nosotros son objetos, las modelos son
objetos, los hombres son malos y objetificadores.

Todo aquello era tan aburrido como predecible. El pelo corto, el
sobrepeso, los argumentos usados en mil ocasiones, el amargo
resentimiento por no haber nacido hermosa y atractiva. Había dos
cosas que les gustaba a aquel tipo de engendros: humanizar a sus

mascotas para convertirlas en el novio que nunca pudieron tener o conservar, y arrogarse capacidades intelectuales basadas en su falta de atractivo. Como si el universo hubiera tenido que compensar su fealdad haciéndolas inteligentes. En realidad sonaban incluso por debajo de mis alumnas con tatuaje y piercing, pero no habría tenido el corazón de romperles ese último recurso que les quedaba para escapar de la realidad. Me sentía parcialmente identificado con gente como aquella; los sueños eran para mi nivel, como la religión o las ideologías insustanciales para ellos.

Cada vez que se escuchaba alguna estupidez en la sala, varias miradas de colegas se fijaban en mi reacción, buscando una confirmación de que sí, que a mí también me parecía ridículo tener que estar allí sufriendo aquello. En la ronda de preguntas ni siquiera me molesté en provocar sus titubeos, pese a las miradas de expectante complicidad que se posaban en mí. Cuando estaba abandonando la sala para contestar una llamada, una de las conferenciantes tuvo la mala idea de hacer un comentario jocoso por el sonido de mi móvil en medio de una conferencia. Le dije a la persona que llamaba que la atendería en un instante... tenía algo que hacer.

-Es fácil olvidarse a veces de cosas... Apagar el móvil, o suavizar nuestro perfil público antes de acudir a una conferencia universitaria para hablar a la gente de igualdad y tolerancia de género :) Estoy pensando en su perfil en las redes sociales... Es usted miembro de grupos como: "ni una custodia para un exmarido", "cromosoma XY, retraso mental asegurado", "podemos vivir sin ellos", "mi exnovio también es un cabrón asqueroso"...

-Errr.... No estamos hablando de...

-Ooooh, ahora sí que lo estamos :) Pretende venir aquí con su hipocresía, su odio misándrico y ocultando con mentiras sus verdaderas opiniones extremistas sobre lo que realmente significa la igualdad para usted. En su mundo "igualitario" todas los exmaridos estarían sin ver a sus hijos, los hombres somos retrasados y es aceptable ejercer violencia verbal pública contra su expareja... Lo lamento pero ni yo ni nadie sensato de los que estamos aquí queremos formar parte de lo que usted propone. Si aún le queda algo de dignidad abandone la sala y vaya a un terapeuta por lo de su androfobia. Buen día.

Me fui de la conferencia sabiendo perfectamente que aquel era el tipo de cosas que no podría hacer si estuviera contratado fijo en lugar de como complemento. Me imagino que hablarían de aquello en algunas reuniones universitarias durante varios años. La llamada era de uno de los expertos en sueños que había contactado. El Profesor Ragja Gupti de la Universidad de Nueva

Delhi estaba especializado en las posibilidades terapéuticas de los sueños. Le había dado mi email y mi teléfono y me sorprendía que hubiera escogido la segunda opción como primera forma de contacto.

No recuerdo exactamente cuándo le había escrito el email, pero más o menos le pedía información sobre aspectos bastante concretos del Milam, una variedad del yoga practicada en sueños. Las referencias a esta disciplina me habían parecido fascinantes y me dio la impresión de estar ante una de las piezas más importantes de mi viaje. El Prof. Gupti se mostró increíblemente amable conmigo y se ofreció a ayudarme en una conversación con un marcado acento británico. Cometió solo un par de fallos gramaticales, lo que me sugirió que su inglés había sido producto de una esmerada educación y su acento, un recuerdo de alguna estancia más o menos prolongada en la zona central de Inglaterra; probablemente Bedford, Northampton o Cambridge. Le pedí que me mandara por email la información que tuviera sobre los posibles maestros de Milam que pudieran ayudarme en mi búsqueda particular.

Al llegar a casa abrí el email y allí estaban los nombres y detalles de varios maestros de la rama Kagyu, aunque su recomendación personal era un maestro de la rama Nyingma. La diferencia fundamental entre ambas, era que la segunda mantenía que las revelaciones a través del Milam eran las mismas que se alcanzarían con más tiempo en la vida consciente del practicante. El Milam Nyingma apuraba el proceso, no ofrecía respuestas fáciles, sino un camino de descubrimiento ligado a otras vidas mediante los sueños. A decir verdad, parecía que aquella disciplina había sido creada específicamente para casos como el mío. Desconocía cuánta gente podía haber en el mundo buscando respuestas en sus sueños en aquel momento... pero me habría gustado poder ofrecerles mis investigaciones personales de alguna forma; no todos tendrían a un profesor de Nueva Delhi llamando para mostrarles el camino.

El siguiente paso estaba claro. Encargué la cesta de productos típicos de mi país más impresionante que pude encontrar por internet y la envié a la atención del Prof. Gupti, con una esmerada nota de agradecimiento. Me habría gustado ver la cara que ponía al recibirla en su oficina, pero yo ya estaría en India antes de que llegase la cesta, probablemente practicando con alguno de los maestros que me había recomendado. No sabía exactamente qué podrían enseñarme, pero cualquier cosa que me llevara más lejos era algo que estaba dispuesto a intentar.

Empecé a preparar mi viaje, con rapidez pero siguiendo todos los pasos necesarios. Me asqueaba la gente que viajaba sin preparación. Ese sentimiento tan paleto de esos individuos que carecen de sentido común en sus viajes, queriendo improvisarlo todo para que sea "una aventura". Después, siempre había algún problema imprevisto que les hacía ir a refugiarse en alguna de nuestras inútiles embajadas, o juntarse con el primer grupo de compatriotas que pudieran encontrar. Localicé las vacunas necesarias, información sobre el país, las leyes, requisitos de documentación para el viaje, foros internacionales que mencionasen los peligros frecuentes, detalles de precaución etc.

Aunque se mencionaba que el inglés era entendido por la mayoría de la población pensé que no estaría de más llevarme algunas frases, diccionarios y cursos cortos de Punjabi e Hindi. Compré algunos detalles para el viaje como un cargador de baterías eléctricas, un segundo móvil libre y una corbata de seda; no la necesitaría pero me pareció un buen precio. Cuando todo estuvo listo, me presenté en el aeropuerto rumbo a Bhagalpur en un vuelo de tres escalas y dieciséis horas de duración.

El primer aeropuerto en el que tuve que esperar fue el de Stansted. Me horrorizaba aquel diseño. Me habría gustado echarle la culpa a algo ajeno, pero la empresa que lo montó era de mi propio país. Te pasabas horas intentando encontrar un par de asientos en los que echar una cabezada mientras esperas la salida de tu vuelo; buscando un enchufe en el que cargar el móvil o el portátil, y viendo pasar dos policías con los rifles de asalto más grandes que había en la tienda. ¿Qué esperaban hacer si entraba un loco con un cuchillo? ¿Ponerse a soltar ráfagas de rifle automático en medio de docenas de pasajeros? Cuando pasaron por mi lado me produjo un escalofrío ver que el cartucho semitransparente estaba completamente vacío, ni una sola bala. Seguridad de cartón-piedra. Personalmente prefería el aeropuerto de Madrid: policía nacional, guardia civil, seguridad privada... Habría sido muy mala suerte que ninguno de ellos supiera reaccionar mejor que dos policías con rifles sin balas.

Siempre que tenía que pasar tiempo en algún aeropuerto me inquietaban esos diseños de espacios. Se gastaban casi todo el presupuesto en hacer techos futuristas como el de Schiphol o el de Belgrado y se les olvidaba siempre que lo único que un pasajero quiere en esos sitios es dormir un poco, ver algún video en el móvil sin que se te acabe la batería y comer algo sin tener la sensación de que te han atracado a punta de navaja cuando sales del restaurante. Pero en lugar de ofrecer sillas cómodas y enchufes tienes tiendas raras donde todo vale el doble; como si el hecho de que te guste viajar fuera acompañado de un gusto por que te timen. Los peores eran los aeropuertos alemanes: cientos de pasajeros de líneas de bajo coste llegando cada hora y seguían con su pueril ilusión de prohibir que la gente se pusiese a dormir en el suelo. La última vez que estuve en uno, los policías no daban abasto informando a pasajeros que tras horas encerrados solo querían echar una siesta y que los dejasen tranquilos. Era bastante triste. Daban ganas de acercarse a abofetear al director del aeropuerto gritando: "¡pon sillas donde dormir y enchufes, inútil!".

El vuelo hasta Nueva Delhi fue largo y tedioso. El cargador de baterías que me había comprado me salvó del aburrimiento, pero me ponía nervioso la idea de quedarme dormido en ese vuelo y ser despertado por una azafata ofreciendo revistas o café... De haber estado soñando con Madison, con Lara o con Helena, habría tenido un despertar demasiado violento para un avión. Los cursos de hindi me ayudaron, además de darme algunas pistas sobre la cultura del país. Mientras los iba escuchando veía algunos detalles de los idiomas, que ofrecían datos curiosos sobre la forma de pensar que tenían en el país. La concepción de algunas claves culturales en India tenía diferencias en ciertos niveles. Khushboo, significaba fragancia; la palabra se traducía literalmente como "desunión del aire". Como si el aire fuera uno y todo lo demás rompiera su unidad. No era nada excesivamente revelador, pero cientos de pequeñas diferencias cognitivas como esas, constituían una cultura diferente. En lugar de utilizar puntos para las frases, el hindi utilizaba una línea recta, lo cual tenía ciertamente más sentido para la separación de conceptos, que nuestra limitada puntuación.

Alternaba los cursos de idiomas con alguna película o episodio de alguna serie que mis compañeros de asiento también encontraron interesante. Nunca supe muy bien cómo decirle a alguien amable: "tu vida no me interesa y quiero seguir viendo mi película", sin resultar incluso más arrogante que de costumbre.

Tras llegar a Nueva Delhi tomé el último avión hacia el aeropuerto de Bhagalpur. La gente en India parecía bastante agradable, aunque de una forma forzada. Como si estuvieran en piloto automático y reaccionaran así solo porque era lo que se esperaba de ellos. Empecé a atar algunos cabos sueltos que tenía en mi memoria. Todos los hombres indios que había conocido tenían la extraña costumbre de llevar traje serio con camisa seria pero sin corbata y un par de botones desabrochados. Desconozco quién puso de moda esa aberración del buen gusto pero era algo que se mantenía vivo en aquel país. Era como si al novio de una boda le quitaran la pajarita y pensase que ya estaba vestido más de calle.

Contrariamente a lo que me había imaginado, el inglés se hablaba casi de forma unánime. Tomé un taxi hasta una empresa de caravanas con la que había hablado y contraté un conductor hasta un pequeño templo de Mahagama, al Este de Bhagalpur. Allí me recibiría el ayudante del maestro Swami Saraswati. Por lo que había entendido, no tendría problemas para comunicarme con ellos en inglés, aunque el suyo no fuera tan bueno como el mío. El profesor Gupti había tenido la amabilidad de escribirles, incluso antes de conocer la inmediatez de mi viaje, por lo que ya sabían algo acerca del motivo de mi visita a su templo.

CAP 15

Tras un ajetreado viaje en caravana donde tuve oportunidad de probar mis primeras frases en los idiomas locales, llegué a las puertas del templo bastante ligero de equipaje. No sé por qué, pero siempre me había gustado viajar con pocas cosas. Si podía cargar solo con diez kilos, no cargaba con quince aunque hubiera sitio de sobra en la maleta. El ayudante del maestro Saraswati me pareció más corpulento en persona que en las fotos que había visto de él por internet. No es que fueran famosos, pero hoy en día hasta los maestros espirituales perdidos en una montaña tenían página web, salían en algún periódico local o contaban con alguna foto pública tomada durante su carrera. La recepción fue extremadamente surrealista; teniendo en cuenta que había estado en otros mundos y hecho el amor con una sirena, aquello todavía superaba mis parámetros con creces.

-¡Hola Daian! Pensé que serías tú... Swami lleva tiempo esperándote.

-Hmm... ¿Cómo me has llamado?

-D-a-i-a-n... Si prefieres podemos fingir un rato y tú puedes actuar sorprendido. ¡Ooh! Yo seré el misterioso ayudante del templo indio que habla con acertijos.

-Errr... no, así está bien. Me dejas algo descolocado. ¿Cómo sabes ese nombre? :O

-Mejor que te lo explique Swami :) Según sus cálculos tendrías que haber venido hace un año.

-Estoy seguro de que te lo estás pasando bien ahora mismo...

-¡Heh! ¡Qué pedazo de cabrón! Pasa... deja la bolsa en la habitación de la derecha :)

-Errr... la verdad es que me esperaba la escena de forma distinta...

-Uyy... pues espera cuando conozcas al maestro. Te aviso que no tiene una larga barba blanca, no es ciego y no te va a decir que la felicidad está en tu interior :)

-Sí... la visita más rara a un templo que he hecho en mi vida.

-En esta... heh heh :D

-Sí... lo que sea... La habitación de la derecha ¿verdad?

La decoración de la habitación era sobria y formal. Contrastaba con el carácter de mis anfitriones. En la mesita de al lado de la cama había un dispositivo con videojuegos y canciones además de chocolates variados; enfrente de la cama, una tele con satélite que no encajaba del todo con el resto de la habitación. Había pocas posibilidades de que aquellos detalles fuesen una coincidencia. La tele todavía tenía el plástico protector en la pantalla y todo parecía comprado para hacerme sentir más cómodo. Me di una ducha, comí algunas chocolatinas de la mesilla y me cambié de ropa antes de conocer al maestro Saraswati, que ya esperaba en la sala central de un templo en el que todos los escasos monjes residentes parecían estar de muy buen humor.

-¡Hola Daian! ¿No le das un abrazo a tu hija?

-¿Qué? Errr… no estoy seguro de comprender… o de estar en el sitio adecuado…

-La vida es un campo de entrenamiento para mejorar tu alma y llegar a convertirte en el ser que eres de verdad, ves a la mayoría de la gente que te rodea como estúpidos y los ateos te producen tanto asco como los fanáticos religiosos, que no tienen ni puta idea de lo que pasa :)

-Errrr… Vale… quizás sí estoy en el sitio adecuado, pero esta es la cosa más rara que he visto en toda mi vida. ¿Qué es eso de mi hija?

-Aaagh… ¿Así? ¿Sin más? Espera cuando te diga que también fuimos amantes…

-¿Qué?

-Tranquilo… fue en vidas distintas…

-Aaaah… eso lo hace todo mucho más lógico y normal.

-¡Heh! ¡Qué sentido del humor tiene este cabrón! ¿Ahora has nacido europeo otra vez? Tienes alguna fijación que raya en lo racista… Mírame a mí, ¿no estoy bien con este tono bronceado? :D

-Sí… ¿Me estás diciendo que esta no es mi primera vida aquí?

-Tuviste unas cuantas en este planeta… Casi todas ellas bastante complicadas. En la primera de todas fuiste un bebé que palmó de muerte súbita a las pocas semanas de nacer. La última es esta, pero yo no descartaría algunas más :) Tienes algún puto complejo mesiánico o algo de eso… Te encanta este sitio.

-¿Es estrictamente necesario soltarlo todo de golpe y usar tacos? ¿Cuándo fuiste mi hija? Todavía no estoy seguro de que no seas un indio esquizofrénico…

-¿Ves? Podías haber dicho solo "esquizofrénico" pero nooo… tenías que meter el puntito racista. Todas las vidas que llevas aquí, y en casi todas eliges nacer como un hombre blanco y atractivo. Solo has nacido como mujer negra en una rara ocasión…

y también elegiste ser guapa entonces. No sé si eres más racista o narcisista :D

-La pregunta Swami… No sé cuándo fui tu padre, pero si lo vuelvo a ser te quedas sin coche.

-Heh… No tendrás que preocuparte mucho por volver a montar en un coche si no acabas tu misión :) Supongo que ya salvaste un par de mundos… pero este está en el limbo :D ¡Oh! Fue entre los siglos trece y catorce, éramos cátaros… No lo echo de menos "papá".

-¿Cómo que en el limbo? Si dices que aún nos quedan varias vidas es que este planeta aún está aquí en el futuro.

-Errr… Sé que es difícil Daian, pero céntrate… En tu siguiente vida probablemente seas un guerrero en la isla de Creta hace siglos, o un comerciante hitita o vete tú a saber. No te molesta que te llame papá ¿verdad? Por cierto… ¿sabías que tu padre en esta vida fue tu hijo en otra? Me lo contaste hace tiempo… o igual aún no me lo has contado. Son muchas cosas juntas para recordarlas en orden :D ¿Te acuerdas cómo te gustaba leerle cuentos? Suele ser al revés… no ves a muchos niños de ocho años leyéndole cuentos a su padre antes de dormir. Son esas pequeñas cosas que te dicen que ahí hay algo ¿verdad?

-Sí… supongo… me está empezando a doler mucho la cabeza.

-Aaaah… normal… pero ¿a qué tiene sentido? Es preciosa esa sensación… cuando alguien te explica que tu vida es una mentira en la que tú solo te has metido… para mejorar. Quita bastante mérito saber que casi todos tus problemas los has elegido tú. ¿No lo estropea un poco todo, el saber la verdad? Ahora nunca más podrás poner una canción triste y creer que estás solo, porque sabes dónde vas a ir al morir, lo que va a pasar, quién estará esperando…

-Errr… ¿Y no sería una buena idea hacer esto público? ¿Tienes idea de cuánta gente anda por ahí perdida sin saber todo esto?

-Claaaaro, vamos a estropearles la película. Gritemos en medio del cine lo que pasa al final. Te abofetearía ahora mismo si no fuera porque no te acordarás de nada en algún tiempo…

-¿Por qué? ¿qué me va a pasar? :O

-No sé… tú sabras… eso sí que no te lo puedo revelar. No cambiaría nada, pero no sería una sorpresa :D

-¿No te lo estás tomando todo demasiado a la ligera? Me acabas de decir que si fallo en lo que sea que tengo que hacer… todo está perdido. Un planeta entero destruido.

-Vaaamos Daian... ¿En serio crees que perdemos gran cosa? Nadaste en las aguas de Goktar, ¿te parece que alguien en su sano juicio las cambiaría por las del Atlántico? Hay miles de billones de planetas como este... tan solo en nuestra realidad, imagínate en los otros billones de realidades :D Hay una en la que somos patatas con ojos.

-¿En serio? :O

-¡Pues claro que no! ¿Cómo podría tener ojos una patata? ¡Piensa un poco! Hmm... pero sí, hay muchas, muchas realidades con infinidad de planetas mejores que este :)

-Sí bueno... pero tampoco es cuestión de dejar que este desaparezca... ¿Cuándo fuimos amantes? ¿Y por qué pasas de ser mi hija, a ser un viejo indio, a ser mi amante?

-Pues a decir verdad fui tu amante antes de ser tu hija. Habría sido un poco raro hacerlo al revés, ¿no te parece? Igual no en Yaghsalkar Yut, pero ya sabes que en ese planeta casi todo es depravación. O igual no lo sabes... ¿cuántos sueños has tenido ya? Es igual... Resumiendo, fuimos amantes en una cultura del Mediterráneo de la que nadie ha oído hablar hasta que te rompí el corazón casándome con un noble rico y poderoso. No te preocupes, fui infeliz y acabé violada y asesinada en el asalto a una ciudad mientras tú te casaste y tuviste varios hijos. Llevas genes de esos en esta vida. ¿Qué te parece? ¡Eres tu propio

ancestro! Tiene que ser complicado de asimilar que sin ti mismo...
tú no existirías :D

-Yo... ¿cuántas vidas... tengo?

-¿Vidas? No sé... podría estar años contándote todo lo que me has
revelado que vas a hacer, has hecho o harás. ¿No prefieres hacer
algunas preguntas generales y centrarte en lo que has venido a
aprender?

-Pues no... todo esto es fascinante. Es como haber estado
encerrado en una caja hasta hoy. Por cierto, decir que nadie
conoce alguna civilización mediterránea es una exageración.

-Bueeeeno... pues vamos a comer y seguimos hablando de todo lo
que no recuerdas... aunque es tiempo perdido... Te olvidarás
dentro de poco y al morir volverás a saberlo :p

Era desconcertante pensar que aquel viejo indio, además de mi
nuevo maestro de Milam, era también mi antigua amante y mi
hija cátara. Nada de aquello se adecuaba a la idea que traía. Los
escasos monjes que me crucé antes de la comida eran risueños
personajes que pululaban por allí como si les acabaran de contar
un chiste demasiado gracioso para contener una sonrisa. Estaban
lejos de ser ejemplos de serenidad o compostura... Se me ocurrió
que pese a lo fascinante que tenía que ser conocer las vidas
pasadas de uno mismo, dedicar esta vida actual tan solo a

encerrarse en un templo y revisitarlas, quizás impedía hacer algo de provecho en esta. Si las cosas eran como el maestro Swami las presentaba, ¿para qué obsesionarse en lo que habían hecho o harían en el futuro si al morir, los recuerdos volverían a ser parte de ellos?

Al llegar a la cocina del templo, donde comeríamos, comencé a notar olores que me resultaban familiares. Habían preparado moussaka, pizza cuatro quesos, croquetas de carne y un par de platos que no reconocí. Tenía una extraña impresión de sentirme como en casa, de ser bien recibido.

-Maestro... me siento un poco culpable por los gastos que estoy ocasionando y...

-¡Oh! Daian puedes llamarme Swami :) Llamarme Christine quedaría un poco raro ahora... Ese era el nombre de cuando era tu hija, quizás debería mencionar este tipo de cosas antes :D El dinero... pfff... este templo puede permitirse una bienvenida en condiciones y mucho más, no necesitamos ayuda con los gastos. De hecho, si quieres comprar algo mientras estés en India y no lo cargas a las cuentas del templo me ofenderé bastante :)

-Vaya... yo no podría aceptar el...

-La última canción de "Valle de sombras" dice claramente quién es el asesino antes de que la anciana se muera.

-Errr… no tengo ni idea de lo que estás hablando :O

-Aaah… pero cuando salga la película en el futuro ya te la habré estropeado. ¿Quieres que siga o aceptas mi hospitalidad? :)

-Vale… vale… si tengo algún gasto lo pasaré al templo… gracias.

-No, no lo harás porque eres un terco. Pero aceptarás nuestra hospitalidad sin rechistar o seguiré estropeándote libros y películas :p

-Una pregunta que tengo… ¿No os duele la cabeza? Recordar todos esos detalles de tantas vidas pasadas, darles un sentido… es mucha información para la memoria.

-Hmm… Lo único complicado es saber si algo que me has contado en otra vida ya ha pasado, si estabas hablando del futuro, del pasado… Por lo demás es como si me pides que te cuente una historia de Sherlock Holmes, imagínate que fueran reales. Conozco la historia de mis vidas pero carezco de las capacidades que tenía en ellas. Intentar meter las habilidades, personalidades y conocimientos de todas esas vidas en nuestro cerebro limitado es físicamente imposible. Sé que fui un médico importante en un planeta lejano, pero no me pidas que realice una operación o mezcle plantas de esa realidad porque sería incapaz.

-Pero, ¿es posible hacerlo? La razón de mis sueños…

-Sí Daian… ya sé que tienes que salvar a tu chica. Pero tu cerebro tiene un límite y deberás elegir cuidadosamente qué necesitas para seguir salvándola, además de lo que ya tienes.

-¿No podríamos empezar desde el principio? ¿Quién o qué organizó el universo como una sucesión de vidas? ¿Cuál es la razón de todo esto?

-Daian, si me estás preguntando por la génesis de nuestra existencia… te diré que es algo que incluso a mí se me escapa. Somos tan solo humanos. Podemos ver que todo se encamina hacia un aprendizaje, una mejora de nuestra alma, pero incluso si te dijera que el fin último es ser completamente puros después de millones de existencias y formar parte de Brahma, de la luz, ser luz nosotros mismos… no te estaría resolviendo ninguna duda. Cómo ha surgido esa pureza es una pregunta que puede estar equivocada. Imagínate que nuestros parámetros humanos de principio y fin sean erróneos, que la existencia simplemente SEA. ¿Tan complicado es para alguien que da clases de eternalismo?

-Vaya… ¿también te conté eso en una vida futura?

-No, lo miré en la página web de la universidad. No pude entender el documento del temario porque no estaba en inglés… ¿Por qué no escribís esas cosas en otros idiomas también?

-Swami, dudo que más de dos o tres profesores de mi universidad sean capaces de dar sus clases o explicaciones en otros idiomas, además de mí. Pero es un alivio que no todo sean revelaciones futuras en nuestras conversaciones :)

-¿Eres feliz Daian?

-¿Ves? Ahora sí empiezas a hacerme preguntas de maestro espiritual ;) La verdad es que… antes pensaba que mi vida era importante, y mis problemas relevantes; ahora que pertenezco a "ella" y que "ella" me pertenece… todo es pasajero hasta nuestro nuevo encuentro.

-¡Qué cabroncete! Pero sabes que tendrás que pasar aquí algunos días ¿verdad? El plano al que quieres acceder te está prohibido de momento. En cierto modo… no eres digno de "ella" a ese nivel.

-¿Por qué? ¿No es suficiente salvar un planeta? ¿Evitar un genocidio? ¿Descubrirle el amor?

-No puedes discutir contra el universo Daian… No estás en una de tus clases :D Puedes abrumarnos a todos de mil maneras distintas, pero eso no cambiará en nada el hecho de que aún no estás preparado para tu ascensión. Debes visitarla en otro sitio al que solo llegarás si eres capaz de trascender el nivel en el que estás. "Ella" está ahora muy lejos de ti, y solo podrás salvarla… por ti mismo.

-La verdad… prefería cuando hablabas claro.

-Sí y yo prefería cuando me llevabas de la mano a ver el teatro de marionetas.

-¿Era un buen padre? Siempre he tenido miedo de… no hacer lo correcto si algún día tengo hijos… De no ser suficiente. De fallarles.

-Y por eso precisamente eras muy bueno :) Cambiaste mi vida Daian… Me enseñaste lo que era tener el corazón de una persona cuando éramos amantes, lo que pasa cuando lo rompes, cuando haces daño a alguien que te quiere; sin ti habría desperdiciado vidas enteras. También me mostraste el camino correcto cuando era tu hija y ahora estoy aquí, mostrándotelo yo a ti.

-Supongo que podríamos pasarnos horas hablando de cosas que voy a olvidar pronto… ¿Por qué las olvido?

-Aaah… si te lo dijera estropearía tu historia :D

-Sí… es un poco tarde para empezar a preocuparnos por eso ¿no te parece "hijita"? :) ¡Empecemos el entrenamiento!

Tras la comida comenzamos a ver las bases del Milam, nada que no hubiera visto ya en libros, artículos o videos. Sin embargo, el entrenamiento de meditación tenía algunos elementos extraños para mí. Además de desligarme de mis propios pensamientos y calmar mi mente por completo, debía buscar deliberadamente aquellas zonas oscuras de mi alma, que se mantenían inalterables vida tras vida. Volví a replantearme mi opinión sobre Tekka, no se trataba de una versión mejorada de mí mismo... sino de una con más hipocresía, una versión que había reprimido todos aquellos demonios internos y no les hacía caso. Ahora yo debía destruirlos. El maestro comenzó a prepararme para mi nueva prueba. No tenía ni idea de cómo resultaría aquello; dónde sería, cómo tendría que enfrentarme a ese reto, ni para qué serviría exactamente.

La concentración, el ambiente, la posición de la lengua, la postura, el esquema mental que debía seguir hasta quedarme dormido... todo influiría en alcanzar el reto. Sin embargo los ejercicios previos al sueño se mostraron la parte más crucial del proceso. El cuerpo debía estar completamente relajado, lo cual incluía músculos, tendones, la piel. Los masajes eran necesarios como parte del proceso, los productos empleados debían ser soluciones acuosas que pudieran eliminarse después con una ducha. La piel debería respirar, ya que el último ejercicio era quedarme dormido en estado de meditación, desnudo en una habitación donde la temperatura iría cambiando para adecuarse a mis necesidades corporales.

Durante los entrenamientos, el maestro y yo intercambiábamos largas conversaciones. Las vidas en las que éramos humanos eran solo la punta de un iceberg que se expandía hasta el infinito... Algunas de las civilizaciones alienígenas que me describió me parecieron el santo grial de los relatos. Formas extrañas, conceptos totalmente nuevos para mí... Recordaba aquellos fuegos fatuos del planeta de mi sirena y en ese momento sospeché que se trataban de criaturas inteligentes.

-¿Por qué fuimos amantes si yo le pertenezco a "ella"?

-Heh... lo del nombre te va a sorprender :) Volviendo a tu pregunta, has tenido amantes en esta realidad... ¿Qué te hace pensar que tuvo que ser distinto en otras vidas?

-Nada... pero... "ella" también habrá tenido que ir aprendiendo se sus errores. La idea de que hubiera estado en brazos de otros hombres me... repugna.

-¡Hah hah! Hablando de dos varas de medir :D Pequeño cabroncete egoísta... ¿Y si te dijera que no ha sido así? Los dos sabemos que otros hombres no habrían llegado a nada en su corazón... la seguirías amando igual compadeciendo a los pobres idiotas que se la cruzaron en otras vidas. Pero no tendrás que hacerlo... pronto comprenderás por qué "ella" solo ha sentido amor por ti, y no podría sentir nada por nadie más. Algo que no sé todavía de esta realidad es por qué empezaste a buscarla tan pronto… por qué no te conformaste con alguna de las chicas que tuviste… ¿Tan infeliz te hacían "papá"? :)

-No… pero… desde el primer momento tuve la sensación de que no era lo que debía hacer. Algo fallaba desde los primeros instantes y luego siempre comprendía por qué. Siempre opté por mentirles para quedar por encima tras el inevitable final…

-¿Por ejemplo?

-Mi primera novia, americana… Le dije que me había quedado en paro y abandonado los estudios, que no tendría una prometedora carrera sino trabajo duro y amor por ella. Me dejó al día siguiente entre lágrimas… diciendo que no estábamos hechos el uno para el otro. Acabé la carrera a los dos meses y acepté una plaza de profesor en el extranjero :) La última vez que la vi había engordado bastante… casada con un empresario de éxito famoso por sus infidelidades.

-¡Hah! ¿Todas las historias van a tener una moraleja similar? :)

-No… a la segunda, de mi país, la dejé yo. Le habría dado igual yo que cualquier otro chico agradable :) Era dulce, pero la idea de estar, en su mente, al mismo nivel que cualquier tipo corriente… me asqueaba. Ahora es feliz. Se casó con un chico de su mismo barrio… Me sorprende que no lo hubiera buscado en su mismo edificio.

-¿La tercera? ¿Quedan muchas?

-A la tercera la conocí en Tallin. Vivimos juntos un par de años. Cuando pensé en casarme con ella la puse a prueba. Falló estrepitosamente. En cuanto comprobé que no me quería no tuve problemas morales en ir a por la cuarta. Estuve un tiempo decidiendo con cuál de las dos me quedaba... Las chicas sin corazón me hacían sentir menos culpable por no estar con "ella", aún no estaba seguro de su existencia, pero ya entonces prefería saber que estaba haciendo el amor con una muñeca de carne y hueso en lugar de con una mujer que pudiera hacerme sentir algo parecido a mis sueños.

-Empiezas a darme miedo... ¿quedan muchas? :O

-Nop... alguna alumna impresionada por su profesor, una búlgara promiscua de cabellos dorados, una irlandesa que se olvidó de mencionar que tenía un novio en su país y una esclava sexual en Dinamarca. Fue quizás la relación más sincera... los dos teníamos nuestros propios demonios internos y nos gustaba saber que nadie se haría daño. Lo triste es que si no hubiera tenido esa obsesión por "ella", habría acabado casado con alguna de ellas... quizás con varias.

-La esclava sexual sonaba bien...

-¿Tanto te cuesta actuar como un maestro espiritual? Sí, sonaba bien… pero nació sin la capacidad de amar a otro ser humano… Estoy seguro que es feliz besuqueando a su perro o a su gato. No te la aconsejaría. En esa realidad en la que éramos amantes… ¿Llegaste a lamentar dejarme?

-Empecé a morir el día que te rompí el corazón Daian… Es como si me hubieras infectado con el virus de la conciencia. Cada día, cada momento de falsa felicidad estuvo marcado por tu recuerdo. Nunca fui capaz de perdonarme por aquello y viví atormentada… Pero quizás decirte esto ahora que soy un hombre indio queda un poco raro :)

-No te preocupes… Lo "raro" ha sido lo habitual desde que crucé la puerta del templo ;)

Me producía algo de vértigo pensar que todas las personas que existían en mi realidad, incluido el propio maestro Swami, seguirían mejorando todavía durante muchas vidas. Cada vez se me hacía más imposible que tantos de nosotros lo hubiéramos comprendido todo tan mal. Podíamos equivocarnos en una vida o en dos, pero ¿cuántas veces puede un alma cometer los mismos errores? Estaba a punto de tener por fin la oportunidad de arreglar algunos de los míos, y no iba a desaprovecharla.

-Swami… ¿Tú has pasado esta prueba?

-Hmm... todavía no ha llegado mi momento... Sé que la pasaré fácilmente porque mi meta está mucho más cerca que la tuya. Eres un cabroncete con suerte Daian.

-Nunca me acostumbraré a verte con esa pinta tan seria y oírte hablar así... :)

-Estás preparado para tu viaje... Te he enseñado todo lo que sé. Recuerda que el reto es complicado. Véncete a ti mismo Daian, es todo lo que puedo decirte.

-Ahora sí suenas más como un maestro indio :D

-¡Vete a cagar! Hah hah :)

Mientras el maestro preparaba la habitación, yo realizaba mis últimos ejercicios. Quizás el Milam se haría popular en unos años, como todo lo que viene de países exóticos y es adoptado por los mismos iluminados de siempre, pero en aquel momento todo era absolutamente nuevo... Había empezado desde cero, entrenando en aquel templo durante largas jornadas y todo con el objetivo de poder derrotarme a mí mismo, aunque no tenía la más mínima idea de lo que aquello significaba. Tras los ejercicios comencé la experiencia. El estado entre los sueños y la consciencia era fácil de alcanzar, pero concentrarse en trascender todo aquello costaría mucho esfuerzo, incluso tras el entrenamiento del maestro Swami.

El primer intento fue fallido... otra experiencia de meditación sin nada de particular. Tuvimos que repetir el mismo proceso dos veces más. Al tercer intento conseguí situar mi mente en ese plano que trasciende los sueños... La sensación era totalmente distinta; no había duda de que aquello era diferente. Se diría que estaba mucho más despierto que estando consciente, cada sensación entraba directamente en mí sin pasar antes por ningún proceso. Sin embargo todo estaba oscuro, una oscuridad en calma, pero vacía. Recordaba mi entrenamiento... debería elegir una localización visual para llenar aquel vacío. Escogí la cima de una montaña soleada, algo alto pero que fuera plano como un valle, quizás quedaría mejor descrito como un valle en la cima de una montaña. Un árbol de tamaño medio con hojas frondosas estaba a cierta distancia; me dirigí hacia él. Había una roca en la base, parecía haber sido elevada de forma artificial.

Aquel lugar que creí haber imaginado me estaba sorprendiendo demasiado como para haber salido de mis propias ideas. Miré hacía mi cuerpo y entendí que pese a haberme desplazado, no tenía cuerpo. Absolutamente nada. Intenté sin éxito darme a mí mismo una apariencia corpórea en aquel lugar, era como si esa incapacidad fuese ya parte de las pruebas. Intenté poner en práctica una de las técnicas del maestro Swami. Dejé la mente en blanco y comencé a gritar al límite de mis fuerzas como si quisiera derribar aquel árbol tan solo con mi voz. Con dificultades, alcancé una forma poco definida. Era una mezcla de luz y movimiento en tonos azulados.

-No te esfuerces... es todo parte de la prueba, aunque estoy impresionado de que seas capaz de controlar algunas cosas con trucos baratos. Entiendes lo que digo ¿verdad? Claro que lo entiendes... Has venido a salvarla... sí... eres energía bruta... pero las pruebas son demasiado difíciles para ti en este estado... caerás derrotado.

-A decir verdad, he venido aquí con algo de entrenamiento.

Me acerqué hacia la voz lentamente... Tenía ante mí a un monstruo un poco más definido que yo y envuelto en oscuridad; flotaba con un aura maligna y se preparaba para un combate que creía ganado de antemano.

-No podrás vencer... no podrás seguir... no eres nada sin "ella".

-Los gatitos de la Señora Stevenson comen gambas...

-¿Qué?

Di un último paso y me situé frente a frente con aquel monstruo. Hice un gesto de lamerle la mejilla y proseguí hablando de los gatitos de la Sra. Stevenson, contando todas las tonterías que se me iban ocurriendo mientras casi flotaba alrededor de aquel ser.

-Pensaste que te iba a pegar ¿verdad? Crees que esa es mi respuesta para todo. Los gatitos de la Sra. Stevenson estarían tristes. Tú no sabes quién es esa señora… yo tampoco la verdad, lo que sí sé es que no me conformo con tus reglas, no te tengo miedo, no tienes poder sobre mí y vas a dejarme pasar.

-…. Di mi nombre…

-Eres el medio… no jugaré según tus reglas, ni siquiera voy a hacerte caso… Declara esta prueba vencida o te perseguiré toda la eternidad envolviéndote en mi mente. Te llevaré a la locura y me suplicarás que te mate antes de oír una palabra más de los gatos de la Sra. Stevenson. ¡Yo soy la norma!

-…. Me has vencido… Buena suerte Daian, los otros te están esperando…

El monstruo se esfumó con una reverencia. Y me preparé para el siguiente. Pero esta vez no sería un monstruo. Ante mí estaba yo mismo de niño, con unos siete años y expresión triste.

-¿Por qué no eres un superhéroe?

- ¿Y tú? ¿Por qué no le dijiste a Noelia que te gustaba? ¿Por qué seguiste pintando esas mamarrachadas de colores en lugar de pedir ir a un colegio especial? ¿Tienes idea del tiempo que nos has hecho perder a los dos? ¿Por qué no les dices que tengan cuidado con el coche? ¿Por qué no lo convences de que deje de estar en la carretera todo el día? Con un poco de suerte no serás un jodido huérfano antes de saber afeitarte.

-Solo soy un niño... :(

-¿Y qué te hace pensar que crecer es suficiente para hacerlo todo? ¿Por qué cojones te ibas a convertir en superhéroe de mayor si no eres capaz de cuidar de la gente que quieres ya ahora?

El niño rompió a llorar con voz entrecortada... En lugar de seguir echándole cosas en cara, me arrodillé y lo abracé.

-No llores... no es culpa tuya... No podrías haber cambiado nada. Todo lo que pasa tiene un plan detrás que ahora no puedes comprender. Pero quiero que sepas que no estás solo... Crecerás hasta convertirte en mí. No serás superhéroe, pero harás cosas que te harán sentir orgulloso y nunca perderás esa inocencia que tienes ahora... la llevarás siempre en tu interior, cubierta por muchas capas, y la sacarás en los momentos oportunos. Tienes un ángel que guía tus pasos... un ángel que te quiere más de lo que podrías imaginar en toda una eternidad. Y yo también te quiero... Estoy orgulloso de ti.

-Yo también de ti... Gracias por no haberme cambiado... ¿Cómo me llamo? :)

-Eres el pasado. He superado esta prueba.

El niño me miró con expresión seria, sonrió y se alejó corriendo con cara de ir a hacer alguna travesura. En ese momento comprendí cuál era la siguiente forma que "ella" adoptaría y vi claramente el porqué de aquellas pruebas. Lo que le había dicho al niño era tanto una explicación de algo conocido, como una revelación propia. Ya sabía cuál era la forma en la que se presentaría "ella" esta vez.

Esperaba con curiosidad la siguiente criatura. Sin embargo, ante mí apareció un espejo, que resonaba con voz lejana. Sin instrucciones, sin presentaciones...

-¿Qué ves?

-Me veo a mí mismo...

-¿Te gusta lo que ves?

-Sip... un tipo elegante y con bastante atractivo :)

-No estás preparado...

-¡Ah! Comprendo... El ambiente, el pasado, ahora el ego... En ese caso, veo defectos, veo conflicto, veo muchas cosas que están mal y tengo que ser mejor. ¿Puedo seguir ya espejito mágico?

-Tu esfuerzo no es sincero... No estás preparado.

En ese instante me concentré de nuevo, pero en lugar de gritar, me alejé un paso del espejo y comencé a destaparlo todo con la mayor sinceridad que fui capaz de reunir. Salvarla a "ella" era lo más importante.

-Veo sueños. Veo un hombre consumido por sus anhelos, un hombre al que no le importa nada de lo que pase a su alrededor. Persigo mi destino y lo sacrificaría todo por "ella". Sé que no la merezco, en ninguna de sus formas, pero no puedo evitar vivir por ella. Llevo haciéndolo toda la eternidad y seguiré por siempre. Desearía que mi alma fuera pura como la suya, pero adoro el poder de protegerla… la idea de tenerla en mis brazos y que nada le haga daño nunca. Quiero dejar atrás la rabia, la violencia, el deseo de luchar… Pero hasta que estemos a salvo no puedo ser débil. No quiero abandonar mi naturaleza. ¿Quieres que te diga que he cambiado? ¿Que voy a cambiar? ¡Es mentira! Mataría a sus enemigos una y mil veces, lo destruiría todo hasta reducirlo a cenizas con tal de protegerla. No me importa consumirme yo para que ella no sufra. No busques una catarsis que no existe… No suplicaré… Dame a mi ángel o lo destruiré todo y a todos… ¡ES MÍA!

-Acéptate Daian… ¿Qué eres?

-¡No lo sé! ¡No me importa! ¡SOY SUYO!

Golpee el espejo gritando de rabia y el impacto hizo volar los pedazos hasta hacerlos desaparecer. Caí de espaldas y las lágrimas comenzaron a brotar mientras miraba al cielo... todavía gritando. La serenidad con la que había emprendido mi viaje se desmontaba mientras mis ojos buscaban una respuesta en lo alto... Los cielos comenzaron a abrirse y bajé la mirada avergonzado por mi comportamiento infantil.

-Daian... No mires aún... te lo suplico...

-¡Necesito verte! ¿Por qué no pue...?

Su voz era tan perfecta... Debería haberme dado una pista de por qué era necesario obedecerla y esperar. Al levantar la vista conocí el significado del éxtasis. Pude notar cómo su belleza me paraba el corazón e inundaba todo mi ser. Caí fulminado allí mismo en un instante que se alargó eones. Pude ver estrellas naciendo y colapsándose sobre sí mismas, como si el tiempo fuera algo ajeno a mí. Una caricia suya me devolvió a la vida. Su forma era suprema, todo en ella sobrepasaba la perfección. Empezó a comunicarse conmigo sin palabras... aquel extraño poder me fascinaba; hablaba directamente a mi alma.

-Daian, has cruzado tu propia existencia para salvarme... :)

-Yo... eres... tan hermosa... Tu belleza es infinita.

-Gracias mi señor :) Te hará feliz saber que aquí no estoy en peligro... no necesito que me salves Daian, no hay peligros en el sitio al que tú y yo pertenecemos. Tu camino te ha traído hasta aquí para poder estar juntos. Debes completar tu ascensión.

-Te... Te amo...

-Lo sé Daian :D Estoy en tu corazón... Te he protegido durante toda tu existencia. Mi forma actual te ha visto nacer, crecer, unirte a mí de nuevo durante miles de existencias. Es mi presencia la que sientes cuidando de ti.

-Yo...te... Te amo...

-Hih hih :) Esa es la razón por la que no debías verme todavía :D Te amo también Daian :)

-¿Cómo debo llamarte ahora? :O

-Ya sabes mi nombre Daian :) Puedes decirlo... me has estado llamando desde que aprendiste a hablar en tu idioma.

-... ¿"Ella"?

-Sí Daian... Mi nombre es Eija :)

Eija comenzó a trazar su nombre en el cielo escrito con una hermosa caligrafía... No me habría imaginado nunca que todo coincidiese de aquella forma. Cada vez que pronunciaba aquella palabra tan común, cada vez que me enfadaba conmigo mismo por no saber su nombre real… La respuesta siempre había estado ahí y ahora que veía su forma más etérea todo tenía sentido. Aquel ser de luz era la síntesis del amor. Solo mirarla me había parado el corazón, y solo ella había sido capaz de ponerlo a funcionar de nuevo… mi muerte, y mi vida. Flotábamos en medio del firmamento como si todo aquello le perteneciera, emanando una pureza sin fin que hablaba directamente a mi alma, conmoviéndola como nunca antes. Desee llegar a ella, ser como ella, ofrecerle mi forma más perfecta. Ahora me era posible comprender… todo aquel viaje convencido de que estaba salvándola, y realmente era Eija la que me estaba salvando a mí. Me ofrecía la redención.

-Eija… ¿qué debo hacer para poder estar contigo a este nivel?

-Debes completar las pruebas Daian… No se han acabado. Te amo tanto…

-¿Qué más debo hacer? Me faltan tantas cosas para ser como tú…

-No Daian, estás muy cerca… Ven a mí…

-¿Qué necesito? Por favor Eija… dímelo…

-Te falta la compasión. Vencer el miedo, y ofrecer lo más preciado de tu vida actual. Debes descubrir estas tres cosas por ti mismo

Daian. Ha llegado tu momento... Estaré contigo siempre, jamás has estado solo... nunca podrías estarlo. Te amo

-Yo... también te amo Eija... Pronto estaremos juntos...

-Debes irte ahora Daian, te están llamando... Debes regresar :)

-¡Espera! Dame un beso por favor... te necesito...

Aquel beso superaba todo lo que había vivido hasta entonces... Era como haber vivido feliz a la luz de una vela, y encontrarse de repente en medio de un universo en llamas. Era un fuego purificador que en lugar de quemar consumía su ausencia, el dolor, el terror de no llegar a ser digno de ella. Era una promesa de éxito; la claridad. Era la prueba de que Eija era todo.

CAP 16

Abrí los ojos de golpe con la respiración entrecortada... Mi cuerpo estaba temblando y no reconocía dónde estaba. Las gotas de sudor caían por mi frente y solo al ver las caras serenas del maestro Swami y de su ayudante empecé a asimilar que ya estaba despierto. Tenía la boca seca y mi mano temblaba al sujetar un vaso de barro que contenía agua fresca.

-¡Vaya viaje amigo! :D ¿Pasaste las pruebas? ¿Te dieron tus alitas?

-No... yo... pasé dos... no... tres...

-¿Solo tres? ¿Qué fallaste?

-No fallé nada… yo… me desperté tras un beso.

-¡Heh! Tras un beso dice… ¿Ves ese maletín? Es un jodido desfibrilador… ¿Sabes para qué se usa? Para cuando a alguien se la para el corazón… ¿Sabes por qué está abierto? Porque si no lo hubiéramos usado estarías muerto ahora mismo…

-No… Ella nunca dejaría que eso pasase… Tú mismo dijiste que iba a hacer más cosas aquí… Los dos sabemos que no era mi destino morir en esta habitación o fallar las pruebas, así que… ¿Qué puedo hacer ahora? ¿Cómo continúo mi viaje?

-Hmm… Podrías pasarte aquí meses enteros recibiendo besos de infarto… O podrías hacer lo que ella te ha dicho. ¿Te ha dado alguna pista? :)

-Me dijo que… debía alcanzar la compasión, vencer el miedo y… y… ofrecer…

Me desmayé en aquel preciso instante y estuve horas tumbado en aquella cama. La experiencia había agotado mis energías casi por completo y necesité días para recobrar las fuerzas. Comía con un hambre atroz y escribía en mi cuaderno de viajes todo lo que había vivido hasta entonces desde el primer sueño; intentando encontrar las claves para las tres últimas pruebas. El miedo… ¿miedo al dolor físico? Había pocas cosas que me dieran miedo.

Solo se me ocurría aquello como fuente del miedo, pero ¿qué ser no tiene miedo al dolor producido por su propio cuerpo? Y hasta aquello se había vuelto una extraña fuente de placer gracias a Helena. Cada ápice de dolor sería un regalo a su naturaleza más oscura... ¿Cómo podía ser a la vez tan dulce y tan mala en aquella realidad? Me encantaba... Si aquel dolor no era lo que necesitaba superar... ¿Dónde estaba la clave de mi miedo?

La compasión era el concepto menos misterioso de los tres. Lo complicado sería llegar a sentir un interés verdadero por lo que me rodeaba. Era como estar de paso en un hotel donde no te importa lo más mínimo conocer a la gente de las otras habitaciones... o que derriben el hotel para hacer un campo de golf una vez que te hayas ido. Sí, la Tierra era mi planeta, pero era también un grano de arena en el cosmos; me resultaba muy difícil fingir complicidad por él, sabiendo que pertenecía a más sitios y todos ellos mejores. La compasión por mi planeta habría resultado falsa... Todos los que estábamos allí intuíamos de una u otra forma que aquel diseño tenía más de escuela de problemas, que de reposado e idílico descanso. Por no mencionar que las posibilidades de que aquel lugar acabara destruido por un meteorito, una explosión atómica o un colapso del medio ambiente hacían difícil encariñarse con el sitio.

-Swami… Al llegar aquí insistías en que no recordaría nada dentro de poco. ¿A qué te referías?

-Vamos… como si no lo supieras… ¿Por qué pretender que no sabes a lo que me refería? A no ser… que tengas miedo ;) Pequeño cabroncete…

-Me estás diciendo que… ¡No! ¡No puede ser!

-¿En serio no puede ser? ¿O no quieres que sea? :) Piénsalo… Estás atrapado… ¿Crees que ibas a pasarte cincuenta o sesenta años viviendo en sueños hasta tu muerte? ¿O quizás pensabas poder sentir compasión por un planeta que no te importa lo más mínimo? Mírame a los ojos y dime que no desaparecerías de aquí en este mismo instante si "ella" te llamara. Cualquier cosa que hayas venido a hacer aquí, cualquier destino que tengas en esta realidad quedaría eclipsado por tu obsesión Daian…

-¿Y si consiguiera sentir compasión igual que en los sueños? He traído la paz a un planeta, he salvado a una raza entera del exterminio en este mismo… ¿Por qué tengo que renunciar a todo si antes no lo hice?

-No… no se trata de eso Daian :) En efecto, podrías alcanzar la compasión. Pero solo habrías superado una de las tres pruebas. Tu fuerza seguiría viniendo de "ella", de saberte amado en infinidad de realidades y formas. Tienes la felicidad total asegurada y saber eso te impide progresar porque te da igual el juego. Tu mayor miedo, Daian, no es el dolor… es renunciar a tus recuerdos, a tus sueños, a saber que "ella" te ama, que sois uno.

-¡No! ¡Tiene que haber otra manera! ¿Cómo quieres que me olvide de todo? ¡Es mi vida! ¿Cómo cojones van a borrarme todo de la cabeza? ¿Con qué van a rellenar los huecos? ¿Nunca he estado en India? ¿Van a raspar el visado de entrada de mi pasaporte? ¿Habré venido por turismo? ¡No tiene sentido! ¡No puede hacerse!

-¿Y sabes qué es lo más cruel de todo? Tú mismo deberás solucionar todos estos problemas :) Deberás engañarte Daian. Tienes que pensar en todo y cuando tengas el plan preparado, podrás ofrecérselo a "ella" para superar las pruebas.

-Yo… ¿tengo que engañarme a mí mismo y renunciar a todo? ¿Qué probaría eso? ¿Cuánto tiempo crees que tardaría en darme cuenta de la verdad otra vez? ¿En serio crees que incluso sin los sueños no sería capaz de intuir al titiritero que mueve las marionetas? ¿Que voy a continuar mi vida pensando que todo es fruto del caos y la casualidad?

-No… los dos sabemos que tienes razón. Pero volvemos al mismo punto pequeño cabroncete :) ¿Cómo lo vas a arreglar?

El maestro Swami tenía razón en todo; cada vez me molestaba más que me llamara "pequeño cabroncete", era increíblemente anacrónico oírle hablar así. No tenía ni idea de lo que necesitaría para que todo tuviera sentido en mi cabeza. Conseguir engañarme a mí mismo era un reto casi imposible. Después de todo, eran mis propias ideas contra mí mismo. En algún punto del futuro en mi realidad me volvería más inteligente, con mayores conocimientos de algo que hiciese caer el velo que envolvería la mayor mentira de todas. Para cumplir con mi destino debía hacer lo imposible y confiar en que todo tuviera sentido para mí mismo.

Me rodee de papeles y cuadernos que el ayudante del maestro me proporcionaba con una sonrisa cómplice. Era como si aquello le divirtiera; espectador en un espectáculo que parecía entretenerle. Era un buen tipo. La clase de persona con la que dejaría a mi sobrino sin miedo a que le sucediera algo que lo llevara a la consulta de un psicólogo. Entre aquellas notas trazaba un plan tras otro, pero todos parecían enfrentarse con el mismo dilema... si soy capaz de idearlo también seré capaz de descubrirlo. Decirme a mí mismo que nunca he tenido sueños y que fui a India a dar una conferencia; quizás quedarme allí en el templo. El maestro Swami y sus discípulos estarían encantados con aquella decisión; ganarían un buen amigo al que parecían tenerle mucho aprecio. A veces daba la impresión de que estaban a punto de pedirme una foto o un autógrafo. Ninguna de mis ideas me parecía lo suficientemente buena como para decidirme a arriesgarlo todo a esa carta. Las horas pasaban y empezaba a dolerme la cabeza de forma considerable.

Decidí experimentar con conceptos en espiral. De este modo, el plan no debería ser perfecto en un único nivel, sino moderadamente lógico e ir trazando una espiral cada vez más grande de la que incluso sabiendo lo que buscaba, no obtuviera ningún resultado definitivo. La teoría era fácil pero diseñar una espiral lo bastante creíble y rebuscada sería una ardua tarea. Me sentía como Sísifo, y por fin entendía su castigo. Siempre me extrañó que no se rebelara contra el mismo. Ya estaba siendo castigado y en la peor situación posible, así que ¿por qué no dejar la roca inmóvil y elegir la muerte? Seguramente él también habría intuido que su destino dependía de aquel trabajo inútil que iba en contra de toda lógica.

La espiral debería ser tan complicada que cualquier sospecha futura se perdiera en un laberinto en el que la verdad estuviese oculta por la luz. Esa era la mejor forma de ocultar un misterio, hacerlo tan obvio que pase totalmente desapercibido. Poco a poco mi idea fue tomando forma. Fui a hablar con el maestro para explicarle mi plan.

-Ya lo tengo decidido.

-Bien... ¿De qué se trata Daian? ¿Vas a internarte en un hospital psiquiátrico? ¿Medicarte para volverte estúpido quizás?

-No... Incluso si perdiera un cuarto de mis habilidades seguiría siendo más inteligente que tú :D Me temo que solo hay una forma de no luchar esta batalla contra mi cerebro. En lugar de intentar borrarlo todo, me proporcionaré respuestas fáciles que me eviten el trabajo de investigar más allá :)

-Suena raro... ¿Por qué crees que va a funcionar?

-Porque soy más perezoso que inteligente... Si no lo fuera podría hablar diecisiete idiomas y haber terminado tres o cuatro doctorados en lugar de uno.

-¿Cómo lo vas a hacer?

-Necesito hablar con Eija otra vez. Estoy seguro de tener el plan correcto.

Sí... ¿Y el pequeño asunto de la misericordia? ¿Has tenido una revelación de última hora quizás? ¿Ha empezado a importarte la gente?

-No... en absoluto. Nunca ha dejado de importarme la gente, la humanidad, como concepto. Dos de las pruebas que ya he pasado daban la impresión de premiarme por aceptarme a mí mismo...

¿Por qué habría de forzarme a compadecer a terroristas, violadores y gente cruel?

-Hmm... Tú eres el experto en todo lo de ética y filosofía, pero ahora que conoces más sobre tu existencia, ¿en serio no los compadeces por desperdiciar sus almas de esa forma?

-Supongo que sí... pero en mi mundo ideal esa gente no existiría... Compadezco a las víctimas mucho más que los verdugos. No les deseo una catarsis espiritual, sino una muerte dolorosa. Ya estoy teniendo suficiente compasión tolerando su existencia. ¿Tienes idea de lo fácil que resultaría empezar a cargarse gente que sobra? Dudo que Eija derrame lágrimas por esa escoria... ¿Por qué debo hacerlo yo?

-Pequeño cabroncete... ¿Crees que estamos en una tribuna? ¿Qué vas a abrumarme con tus mierdas filosóficas y se acabarán tus problemas? No es a mí a quién tienes que convencer, sino a ti mismo. El concepto que tienes de la misericordia parece sacado de algún libro para tontos.

Me quedé en silencio un instante avergonzado ante la idea de que Swami tuviera razón. A decir verdad ni siquiera sabía a qué se refería Eija con todo aquello. Pero si la prueba era mía, era yo el que tendría que encontrar la respuesta. Habría sido raro preguntarle a qué se refería para luego convencerme de que era eso lo que sentía.

Aquella noche no dormí... Era plenamente consciente de que la falta de horas de sueño me lo pondría más difícil para tener buenas ideas o una mente despierta. Continué durante los próximos días obsesionado por mis pruebas. Hacía excursiones alrededor del templo donde barajaba todas las posibilidades que tenía el concepto; también busqué artículos y referencias durante horas. La misericordia era un algo tan amplio y al mismo tiempo tan viciado. La misma palabra traía a la mente errores y antiguas apreciaciones religiosas que chocaban de frente con la ética. La idea, tal y como la entendían algunas fuentes, consistía en perdonar a una persona incluso cuando esta disfrutaba el mal que había causado. Por un lado sí resultaba interesante ser capaz de evitar el odio de aquella forma, pero por otro, el odio era el equilibrio del amor. No habría sido posible completar un círculo ying-yang donde el amor estuviese en los dos lados... Para poder amar el tiempo que estabas con una persona era necesario odiar el tiempo que pasabas sin ella. Para amar la inocencia era necesario odiar la crueldad. Para amar el hecho de que una persona fuese buena y feliz era necesario odiar los actos que fuesen contra...

En aquel momento, a unos tres kilómetros del templo y con mi mochila a cuestas, tuve la revelación que esperaba. Sonreía de satisfacción por primera vez en varios días y me entristecía de las vidas que había quitado protegiendo a mi ninfa. Si hubiese sabido que aquellas naves iban a salvarla a ella y a su pueblo no habría actuado de aquella forma. Por fin me daba cuenta de cómo funcionaba el equilibrio en aquel caso, de cómo podía odiar y a la vez tener misericordia. Abrí las puertas del templo y uno de los monjes me miraba con expresión simple y entusiasmada. Habría parado para pellizcarle los mofletes por ser tan gracioso, pero no tenía mucho tiempo que perder. Me dirigí hacia el maestro Swami y su ayudante y les comuniqué que pronto dejaría de recordarlos. Aquella noche me encontraría de nuevo con Eija para pedirle que aprobase mis planes.

CAP 17

La misma habitación que la voz anterior, el mismo desfibrilador por si Eija se presentaba en su forma real, y yo era tan estúpido como para mirarla una segunda vez antes de que estuviera preparada… Y la sensación de que aquello pronto sería una despedida. Me quedé dormido con más facilidad que la última vez, aunque ya aparecí con mi aspecto etéreo azulado sin necesidad de gritar como un psicótico. Esta vez mi color era ligeramente más claro, me alejaba del azul y me acercaba más al blanco; esperaba que aquello fuera bueno. La misma cima que la vez anterior, el mismo árbol y pequeños trocitos del espejo que había roto. Ese detalle no era fruto de mi imaginación; ni siquiera esperaba encontrármelos allí. Aquel lugar era, además de una representación que mi mente pudiese entender, un ambiente no sujeto enteramente a mis deseos; una especie de punto de encuentro, de terreno neutral. Eija descendió de los cielos y tuve la prudencia de bajar la vista… pero el deseo de verla era superior a mis fuerzas. De nuevo su belleza me inundó por completo hasta causar el éxtasis… y mi corazón se detuvo por segunda vez. Sobrepasaba la perfección. Se apresuró a besarme con expresión serena y segura.

-¡Daian! Estás a salvo :)

-Lo sé… ¿Qué podría pasarme estando contigo? :)

-Estás preparado para tu ascensión Daian… ¿Sabes ya qué es la misericordia?

-La misericordia es amar el ser humano que podrían haber sido y odiar en lo que se han convertido… cuando son crueles y malvados. Amar la inocencia que aún les queda y odiar el no poder ayudarlos a pesar de estar en el mismo sitio. Amar que haya más gente como yo y odiar que incluso juntos no podamos arreglar las cosas… Proteger a la víctima, inutilizar al verdugo y odiar el crimen… amando todo lo bueno que haya en ambos. La misericordia está unida a la justicia, y solo se pueden tener ambas o ninguna.

Eija continuaba mirándome con la expresión serena y clara de quién oye a un niño decir algo gracioso pero cierto. A decir verdad, me encantaba que ella fuera mucho más inteligente que yo en aquella forma. Aquella sensación de estar mirando hacia arriba en todos los aspectos era totalmente fascinante para mí. Era muy reconfortante saber que podía acudir a ella, que estaba bajo su tierna protección... Ella sabía a felicidad pura, y por eso debía vivir mi vida sin ser consciente de su presencia.

-¿Qué vas a hacer para ayudar a tu planeta Daian?

-Yo... he hecho todo lo posible en otros... Pero el mío... no sabría por dónde empezar Eija :(

-Has pasado toda una vida estudiando, pensando y buscando la verdad en tu realidad... ¿No tienes una pista de lo que debes hacer? :)

-Sí... pero... ¿Y si la Tierra es un campo de entrenamiento? ¿Dónde mandarían a la escoria como nosotros si se convirtiera en un sitio agradable para vivir? :)

-¿Es ahora un sitio sin belleza?

-No, pero... ya sabes a lo que me refiero. Si no te hubiera sacado de allí cuando eras una ninfa habrías estado en grave peligro. ¿Crees que eso pasa en todos los planetas? Nadando en las aguas de Goktar nada podía hacerte daño, en las de mi planeta podrían pasarte mil cosas... Incluso si tuviera la solución nadie me haría caso... Tenemos una extraña tendencia a la autodestrucción personal en mi realidad.

-No estarás solo Daian :) ¿Crees que eres el único capaz de llegar a estos niveles de pensamiento? Hay más... y estarán de acuerdo contigo... dispuestos a ayudarte. Necesitan un plan Daian. Muéstrales lo que hay que hacer.

-Son pocos los que están dispuestos a pensar más allá... Solo buscan respuestas fáciles y pasar un buen rato antes de volver a caer en el mismo sitio en su próxima vida. Hay gente que lleva más de veinte reencarnaciones, ¡todas en la tierra! ¿Qué puedo darles yo? ¿Qué puede darles cualquiera que no hayan comprendido en veinte vidas? Si esto fuera un colegio, estaríamos en la clase de los retrasados.

-Y sin embargo es aquí donde has aprendido todo lo que sabes... Es en la Tierra donde te has convertido en lo que eres, no nadando conmigo, ni haciendo el amor en el bosque, ni dándome tu sangre. Es este planeta el que lo ha hecho todo posible. No te estoy pidiendo que arregles tú solo lo que no han podido arreglar tantos que han venido antes. Te pido que intentes ayudar a los que te necesitan... a los que agradecerán tu esfuerzo.

-Entonces... ¿Todo dependerá de ellos?

-No Daian. Será suficiente que compartas tus ideas para superar la prueba. Si tú estás en lo cierto tu mensaje se perderá entre muchos otros. Si estás equivocado y encuentras a los que son como tú... tu mensaje les dará esperanza, y ayudará en el cambio. Pase lo que pase ya habrás demostrado que te importan.

En aquel momento volví a llorar... No recordaba haber derramado tantas lágrimas en años. Y sin embargo, notaba que cada una de ellas era necesaria, e incluso se quedaba corta para expresar los sentimientos que mi ángel me producía. Sabía lo que debía hacer para estar con Eija, pero era tan difícil renunciar a mis recuerdos. Caí al suelo de rodillas y me abracé a su cintura como un niño pequeño.

-Siempre he estado a tu lado; desde antes de que nacieras; desde que se formó tu esencia e iniciaste el viaje. Te he cuidado, te he protegido, y te he amado más de lo que serías capaz de comprender jamás. Soy tuya, y tú eres mío... me perteneces, y yo te pertenezco. Existo para protegerte y amarte, y será así eternamente Daian... Pero no puedes vivir tu vida en la Tierra con esta seguridad. Sabiendo que hagas lo que hagas tu ángel estará esperando al final del camino todo sería fácil y cómodo. No tendrías nunca dudas, ni te enfrentarías al miedo, o a los monstruos porque no los habría... Si aquella noche cuando eras pequeño hubieras sido consciente de que yo estaba contigo, no habrías superado el terror tú solo… ni siquiera lo habrías sentido :)

-Lo sé Eija… Sé lo que debo hacer… pero me duele perder tu recuerdo. Es lo más preciado que tengo en esta realidad. Me aterroriza saber que viviré el resto de mi vida sin estar seguro de tu existencia… Estarás conmigo y aunque note tu presencia pensaré que no es real, porque para cumplir las pruebas y poder estar juntos debo engañarme a mí mismo y olvidarte. Perderé al mismo tiempo lo más preciado y venceré mi mayor miedo Eija.

-Te quiero Daian, la Tierra es una experiencia que debes completar. El tiempo que pasaremos separados no es nada comparado con la eternidad que nos pertenece. Cuidaré de ti en todos tus pasos, y me tendrás a tu lado, dentro de ti… como siempre me has tenido.

Comencé a explicarle mi plan a Eija. Sería imposible esperar que no hubiera ningún detalle suelto que me recordara algo, o me pusiera de nuevo sobre la pista de lo que hay más allá. En lugar de borrar mi memoria la confundiría. ¿Y si recordara todo aquello como una historia surgida de mi propia imaginación? Todo tendría sentido para mí en el futuro, si cada vez que recordase algún destello lo atribuyese a la génesis de mi propia historia. Cada detalle sería responsabilidad de mi imaginación, e incluso con todo presente, nada desataría mis alarmas. Mi viaje habría sido un relato que alimentaría mi propia confirmación de algo que jamás habría pasado. Lo leería pensando en esos sitios como los escenarios que mi mente buscó para una historia que reforzaría mis convicciones; estaría seguro de que mi imaginación había logrado sorprenderme de nuevo. Eija me escuchaba con ternura.

-¿Qué necesitas Daian? Te ayudaré en todo lo que me pidas.

-Para superar la prueba del miedo y de la renuncia... Necesito escribir mi historia, despedirme de la gente del templo y crear notas falsas de documentación. He venido aquí para ambientar mejor mi historia. Volveré a mi país y me desharé de todas las notas y archivos que mencionen la experiencia como real, e incluso si dejo alguno, lo tomaré como una licencia literaria. Nadie sabe lo de mis sueños, nadie será capaz de deshacer mi propio engaño. Una vez que mi historia esté escrita y me haya deshecho de las pruebas... Podrás borrar las memorias que lo conecten con la realidad Eija. Vagaré por el mundo pensando que todo esto ha salido de mi propia creación y no de nuestro amor. ¿Está mi ángel de acuerdo? :)

-Sí Daian. ¿Cómo vas a superar la última prueba?

-Tendré que realizar un plan capaz de mejorar considerablemente el rumbo de las cosas en mi planeta actual. Ahora que sé que no es necesario convencer a nadie para superar la prueba, trabajaré en él mucho más relajado. Me pondré a ello en cuanto esté de vuelta. Cuando acabe... volveré a soñar contigo Eija. Nos despediremos y... viviré el resto de mi vida dudando de si lo que cuento en mi historia tiene alguna base real... si realmente estarás esperando al final de mi camino.

-Lo estaré Daian; siempre lo he estado... Pero tú no puedes tener esa certeza o no vivirás.

-Lo sé Eija... Despiértame ahora con un beso.

-Tengo una idea mejor...

Eija sonrió y puso sus labios sobre los míos. La tomé en mis brazos e hicimos el amor en aquel plano etéreo como nunca antes me había imaginado. Nuestros cuerpos ya no eran una frontera que nos separaba, era fundirse momentáneamente en un solo ser. Aquel momento compensaba todo lo que tuviera que soportar en mil vidas... Una eternidad en ese estado de felicidad perfecta era la culminación de toda una existencia. De repente pasar unas cuantas décadas creyendo estar solo me parecía ofrecerle muy poco a cambio de lo que ella me otorgaba. Ascendimos más alto mientras nos entregábamos el uno al otro por completo. Aquel instante era indescriptible... quise dejar de ser yo mismo y formar parte de Eija para siempre...

Cuando llegamos al instante supremo... Dejé de brillar con aquella luz azulada y comencé a resplandecer con una luz blanca muy brillante, casi igual a la que emanaba de Eija. Nos besamos de nuevo y comprendí que aquella no era solo una despedida, sino también mi propia ascensión. Un apoteosis que me hacía digno de amarla y me permitía que mi amor fuese de una calidad superior. Todo lo que pudiera entregarle era poco en comparación con la entrega que mi ángel me había demostrado. Continuamos ascendiendo mientras girábamos en espiral, mirándonos a los ojos con una sonrisa de complicidad. Formamos una bola de luz en lo más alto del universo y durante un instante eterno fuimos uno.

-Este eres tú Daian. Todo lo demás ha sido un camino para llegar a estar juntos.

-Pero aún debo volver a la Tierra…

-Sí y no. Todo lo que tenías que hacer ya lo has hecho, lo estás haciendo o lo harás, mientras estés en tu realidad también estarás aquí conmigo.

-Estoy sintiendo una llamada… ¿Qué es?

-De la misma forma que yo cuido de ti Daian, tú cuidas de mí. Tienes mucho que aprender en esta forma, pero ahora mismo hay una niña que te necesita. Soy yo.

-Me quedaré aquí mientras estoy contigo de niña y a la vez estoy sin ti en la Tierra… Estar en varios sitios a la vez es algo que todavía me sorprende.

-Tienes mucho que aprender de tu nueva forma Daian.

-Sí soy como Clarence… Perdona, era un ángel que intentaba ganar sus alas en una película de…

-De 1946, el ángel era un actor inglés llamado Henry Travers. Habría sido una pena que hubiese acabado sus estudios de arquitectura en lugar de irse a Hollywood ¿no te parece? :)

-Errrr… vale, ha quedado claro que estás muy por encima… :D

-Y ¿vas a decirme que no te encanta? ;)

-Cómo me conoces… :p Ahora tengo que ir a ver a una niña. O quizás ya he ido, o estoy yendo ahora mismo :)

Seguimos haciendo el amor durante eones que duraron un instante. Estar existiendo al mismo tiempo en realidades diferentes era algo extremadamente complejo que me costaba increíbles esfuerzos poder asimilar. Incluso conociendo a la perfección los conceptos filosóficos que podían servir de guía para entender todo aquello, eran insuficientes a la hora de explicar casos concretos. Al poder existir en varias realidades al mismo tiempo, era posible en teoría encontrarme a mí mismo en una realidad determinada. Si dentro de quince reencarnaciones hubiese querido saber cómo se sentía una mujer india del siglo XXI, podría haberme cruzado con ella, conmigo, en este mismo viaje sin ni siquiera saber que soy yo. Quizás incluso yendo más allá, todas y cada una de las almas que andaban viviendo experiencias por el universo, eran parte del mismo ser. Las creencias más antiguas del Brahmanismo enfocaban la divinidad en esa dirección, no como algo ajeno a nosotros, sino como algo de lo que formamos parte.

Células de un mismo ser que se desarrollan y crecen para cumplir su función sin llegar a comprender muy bien cuál es. Mi transformación en aquella realidad me había hecho mejor en todos los aspectos, pero seguía sin tener los conocimientos necesarios para enfrentarme a aquellas cuestiones. Incluso sabiendo que formábamos parte de algo mayor, incluso conociendo muchas de mis vidas, me era imposible responder por qué existe todo, incluida la divinidad. Debemos mejorar en incontables vidas, pero ¿Cuál sería el fin último de todo aquello? Las respuestas fáciles no valdrían para saciar mi curiosidad y si ni siquiera un ángel podía responder a aquellas cuestiones. ¿Llegaríamos a saberlas algún día? ¿Eran patrimonio exclusivo de estadios más elevados incluso que el angelical? ¿Y si todo el proceso cognitivo estaba viciado y la divinidad existía en un continuo sin principio ni propósito útil para sí misma?

Siempre tuve la idea de que conocer mis vidas y la totalidad de mi existencia equivaldría a una especie de línea de meta, un nirvana en el que todo tendría sentido. Sin embargo, pese a saber ahora casi tanto como el maestro Swami, ni siquiera él conocía el porqué del universo o incluso si existía ese porqué. Tuve que rendirme ante la falta de datos con los que trabajar... Debía visitar a una niña.

CAP 18

Descendí hasta un planeta que se llevaba el premio al más raro. Los cielos estaban cubiertos por una capa amarillenta y densa sin la cual, la fuerte luz solar que recibía lo habría aniquilado todo. La variedad de formas de vida era tan limitada como en los anteriores, lo que ahondaba en mi creencia de que mi planeta natal era considerablemente rico en seres vivos. No todo; realmente las partes llenas de variedad eran unas pocas; en cualquier bosque corriente no encontraríamos miles de especies de ranas o ardillas, sino tres o cuatro. Si quitáramos esas partes tan exóticas con cientos de miles de criaturas distintas, y fuese todo un mismo continente sin demasiadas islas lejanas, el mismo depredador se habría impuesto en todo el territorio. En otras palabras, teníamos jaguares y panteras porque nuestro planeta poseía zonas muy distantes entre sí. Si nuestras tierras estuviesen conectadas, el tigre se habría impuesto a leones, lobos, coyotes y leopardos en cada una de las áreas, del mismo modo que en cualquier urbe del planeta era común encontrar palomas y no docenas de aves distintas.

Mi primera misión en aquella forma de ángel, a la que todavía no me había acostumbrado, era darle esperanza a Kaidi; así se llamaba en aquel sitio. Al desplazarme instantáneamente sin ser visto me sentía como un ser todopoderoso. Aquellas habilidades eran totalmente nuevas y costaría bastante dominarlas por completo. Tenía una visión global de todo, nada parecido a la omnisciencia, sino a un lejano recuerdo nunca vivido mezclado con una perspicacia mucho más poderosa que en mi forma humana. Casi todos mis deseos primarios habían desaparecido por completo. No tenía necesidad de comer, curiosidad por nada de lo que allí pasaba, ni deseos de utilizar mi invisibilidad para ver escenas privadas. La sensación era parecida al cambio sufrido con las tiendas de juguetes desde la infancia hasta la edad adulta; lo que antaño nos emocionaba pasa a perder todo su interés al no colmar nuestras nuevas necesidades, que ahora se satisfacen en una tienda de electrónica o de ropa elegante. En mi caso, Eija iba siempre varios pasos más allá a la hora de colmar mis necesidades.

Me encontré a Kaidi sentada en un banco de madera con un diseño bastante curioso. Tenía siete años, un hermoso pelo azul claro y unos ojos preciosos. Sus ojos siempre la delataban. Incluso sin aquellas nuevas capacidades habría podido encontrarla en un océano infinito de seres. Le era imposible ocultar lo especial que era. Estaba mirando a un estanque tristemente... fijando su mirada en unas carpas con rasgos prehistóricos que recordaban bastante a celacantos pequeños. Ella no podía verme todavía y viéndola acariciar su pelo sentí una increíble ternura hacia ella… Mi nueva forma me permitía sentir más, procesos más claros. En mi mente era como si todos los ruidos y distracciones hubieran desaparecido y estuviera un paso más cerca en el largo camino hacia ser puro pensamiento, mejor dicho, puro sentimiento.

Adopté forma corpórea y la llamé por su nombre. Sonrió al verme y me senté en la hierba mientras ella jugueteaba con sus piernas colgando de aquel banco… era algo que teníamos en común. A mí también me gustaba hacer tonterías con las piernas siempre que me quedaban colgando de algún sitio. No perdí la costumbre con el paso de los años y en ocasiones distraía a mis estudiantes cuando me sentaba en la mesa de la clase. Verlos hacer sus exposiciones mientras su profesor jugaba a que tenía un hilo invisible que le hacía levantar el pie cuando tiraba de él… era chocante. Kaidi jugaba a mover sus piernas siguiendo el ritmo de sus manos.

-¿Por qué estás triste Kaidi? :)

-No sé… Estoy triste siempre pero no sé por qué :(

-¿Me dejas que ponga mi mano en tu frente? :)

-Sí… ¿Qué va a pasar? :O

No tenía la menor idea de para qué serviría lo de la mano. Actuaba por instinto... y era preciso que algo o alguien me explicara qué capacidades tenía en aquella forma, o tarde o temprano el instinto no sería suficiente guía para usarlas. Pude sentir sus pensamientos y no había absolutamente nada que fuera fuente de aquella melancolía. El tiempo comenzó a ir más lento hasta casi detenerse por un corto instante. Comprendí lo que estaba pasando y empecé a hablarle a una figura incorpórea que parecía tener mis mismas características.

-Saludos... Gracias por cuidar de Kaidi hasta mi llegada. Has hecho un buen trabajo Caliel :) ¿Me permites relevarte de tus obligaciones? Entre esta niña y yo hay un vínculo poderoso.

-Así sea... mi señor. Este momento estaba escrito. Es un honor verlo al inicio de su camino.

-La paz sea contigo hermano Caliel. Es también un honor para mí que tú la protegieras hasta mi llegada.

Cuando Caliel desapareció, me fundí con el aura de Kaidi y el tiempo volvió a correr de forma normal. La alegría apareció en su rostro y volví a hacerme visible a sus ojos.

-¿Mejor ahora? ;)

-Sí... ¿Qué has hecho? :D

-Desde este momento te cuidaré y te protegeré durante toda tu existencia Kaidi.

-Hmm... Es como si te conociera :D hih hih...

-No podré evitar tu dolor Kaidi, a veces la vida será dura y difícil... pero nunca estarás sola. Siempre estaré contigo y siempre serás mi niña, aunque tengas 142 años. Nuestras almas están unidas.

-Eres muy gracioso... ¡Cuéntame una historia! :D

Comencé a contarle una historia tras otra, siempre sin decirle que la chica, la princesa, la anciana de aquellos hermosos cuentos era ella. Pero era niña muy lista... y no lo dudó ni un instante. Jugamos juntos aquella tarde y empecé a enseñarle nuestro idioma particular.

-¿Ves? Cuando queríamos decir "¡no hagas eso!" decíamos: "¡nisuuuu!". Cuando querías decirme "¡para ya!" siempre usábamos: "¡utusu!". Para decir "¡dame!" utilizábamos: "¡mumuuu!". Para expresar sorpresa era: "¡upuuu!", y para decir que no sabíamos algo poníamos las manos en el aire y decíamos: "¡papu papu mamu!", el otro contestaba: "¡upi pupi mumi!".

-Upuuuuu :D

-Exacto :p Siempre te hizo gracia nuestro idioma ;) Incluso cuando te enfadabas conmigo por ser demasiado testarudo a veces :) Ahora debo irme princesita linda... aunque siga estando contigo.

Me miró a los ojos con una calma extraña para su corta edad, como si supiera que aquella no era nuestra despedida. Se acercó y me dio un beso en la mejilla izquierda. De alguna forma me sentí derrotado por aquella niña... Junté las palmas, las abrí y me puse en contacto con mis nuevos amigos... de siempre.

-Omael, Chavakiah, he decidido quedarme aquí con Kaidi. ¿Os apetece ser los padres de un niño durante algunos años? :)

-Puede contar con nosotros mi señor.

-Que no seamos una familia muy ostentosa, mismas condiciones que la familia de Kaidi o un poco menos. Debemos vivir cerca de ella y dejadme ir a jugar cuando os lo pida :D

Le expliqué a Kaidi que me quedaría allí con ella, creceríamos juntos como dos niños de la misma edad y ninguno de los dos recordaría aquel momento. Nos encontraríamos mañana como nuevos vecinos que comparten juegos y cuando los dos creciéramos un poco más seríamos novios, estaríamos juntos y yo moriría seis años antes que ella, me disculpé por dejarla sin compañía aquel tiempo, pero al mismo tiempo siempre estaría con ella como su ángel protector. Kaidi ladeó la cabeza ligeramente y me preguntó sonriente:

-¿Cuándo empezamos? :D

CAP 19

Aquella realidad era extremadamente dulce para aquel niño que viviría feliz con su chica. Sin embargo, yo en la mía tenía asuntos pendientes. Para empezar... volver de aquel limbo en el que me encontraba con Eija, hacia una vida en la que ni siquiera sabría si ella era real.

-Debo ir a la Tierra Eija, ya sabías que viviríamos juntos en aquella realidad ¿verdad?

-No... ¿vivimos juntos? :O

-Pues sí... pero... errr... tú ya lo sabías y te encanta tomarme el pelo :D

-Hih hih :p Te quiero Daian... La Tierra te ha vuelto tan gracioso :p

-Yo también te quiero a ti... Me esperan unas cuantas décadas realmente insulsas... ¿Tienes idea de lo difícil que será vivir pensando que eres una fantasía?

-Podría ser peor Daian… Podrías tener la sensación de que ni siquiera es tu historia… Que la has leído en algún libro… Imagínate tus ojos pasando las líneas de texto…

-Pues no sé qué sería mejor… Si alguna vez llego a descubrir la verdad de nuevo, borra mis recuerdos y hazme creer que todo fue una alocada historia que he visto o leído…

-Así lo haré Daian ;) Te amo.

-Yo a ti también Eija… ¿Me lo dices tanto porque no lo voy a oír de tus labios en mucho tiempo? :(

-Sabes que es solo una vida :) Sé fuerte Daian. En cuanto tu plan esté listo perderás mis recuerdos… solo será una vida. La Tierra todavía tiene muchas cosas que enseñarte.

-Te echaré mucho de menos Eija… Sin tu recuerdo temo cometer errores…

-No te preocupes :) Nada de lo que hagas ahí abajo será un error. Aunque no lo recuerdes en tu planeta, serás un ángel.

-Adiós Eija… Me lo has dado todo.

-Adiós Daian, tú me has dado más :)

El beso de Eija me hizo ascender a nuevas alturas, que ahora experimentaba sin ataduras humanas. Aquella no era una forma perfecta, pero podía sentir mucho más lejos. La felicidad tenía forma de mujer y estaba haciéndole el amor por última vez en décadas. Haber quedado suspendido en ese estado eternamente habría sido la culminación de toda una existencia. Eija y yo flotamos en el infinito... pude sentir todas las vidas que aún me quedaban por vivir con ella, todas las cosas que haríamos juntos en interminables realidades y al mismo tiempo que alcanzaba el éxtasis espiritual nos entregamos el uno al otro como si fuera la primera vez que nos veíamos. Eija me dio el último beso antes del descenso... un solo gesto suyo habría sido suficiente para soportar cientos de vidas de penurias, aquel beso lo llevaría conmigo en mi corazón humano por los años que me quedaban por vivir. Cerré los ojos y mientras bajaba solo pensaba en mi ángel. Si no hubiera existido, habría tenido que sacarla de los rincones más oscuros de mi mente y darle forma... porque ella lo era todo, y siempre lo había sido.

CAP 20

Me desperté en la misma habitación de veces anteriores, con el maestro Swami mirándome sonriente y su ayudante mostrándome orgulloso los cacharros del desfibrilador. La escena era realmente curiosa. Les hice un gesto de complicidad con la mano y les pedí comida y agua. Me dio por pensar en lo mucho que me iban a echar de menos. Mi estancia en el templo había sido la aventura de sus vidas; y yo también los habría echado mucho de menos, pero ni siquiera sería capaz de recordarlos en unos días... Mi expresión cambió y se volvió triste... El maestro se acercó y me dio un abrazo mientras me hacía preguntas sobre mi experiencia.

-¿Estás listo para cumplir la prueba pequeño cabroncete? :)

-¿Hasta en la despedida tienes que seguir llamándome así? Tengo algunas ideas... Lo bueno es que aunque nadie las escuche yo ya he cumplido con mi deber. En unos días el plan estará completo y no os recordaré... Si llegara a recordaros en algún momento, Eija me ayudaría a olvidar otra vez. Partiré para mi país en breve. Os invito a un picnic :)

-Nunca hemos tenido un picnic en esta realidad... Tuvimos uno cuando éramos amantes... justo antes de...

-Swami... demasiada información... Estoy seguro que en aquella vida eras una chica preciosa, pero oírte hablar de eso ahora no dejará de sonarme raro.

La despedida fue sentida y a la vez alegre. Me encontraba muy honrado y agradecido de haber contado con su apoyo. El no recordar la amistad de aquella gente era triste pero necesario.

Esperando el detector de metales del aeropuerto de Bhagalpur puede ver al maestro Swami a punto de soltar una lágrima o dos.

Lo tomé por los hombros y le prometí encontrármelo en otra vida... Tenía esa extraña sensación de que estaría en otras historias, otros encuentros. Los vuelos de vuelta fueron tediosos, pero me permitieron ir esbozando durante horas el plan que habría de presentar para escapar por fin de la desgana que había tenido con mi propia realidad. Estaba seguro de que nadie le haría caso... Aquel planeta estaba abocado al desastre. No era un problema de falta de ideas, era simplemente imposible para alguien que las tuviera el alcanzar además una posición que le permitiera aplicarlas. No existía ni un solo cargo o atribución personal en la Tierra que permitiera a alguien arreglar las cosas él solo. El presidente de cualquier nación tendría problemas de financiación, oposición política, ignorancia... Debería haber sido un esfuerzo colectivo y lamentablemente, la evolución intelectual y espiritual de la mayoría de mis congéneres estaba a mucha distancia del nivel requerido. Veintiún siglos de humanismo registrado, veintiséis desde que se inventó la democracia, más de treinta desde que Hammurabi presentó su código de leyes... y aún seguíamos obsesionados con las mismas estupideces de siempre; pensando que éramos inmunes a los errores del pasado. Comencé a escribir mi plan en un ejercicio de futilidad que pasaría desapercibido.

Las causas de todo parecían estar relacionadas. Demasiada gente en el planeta, demasiados recursos eran necesarios, la guerra como medio para obtenerlos, la pobreza como resultado de la guerra, de esa misma falta de recursos, de la incapacidad del planeta para aguantar la carga de humanos que crecía exponencialmente. La sobreexplotación del mar con origen en el mismo punto… El doble de gente pescando que hace pocas décadas. La población se estaba multiplicando peligrosamente y lo que habría costado lustros arreglar, deteniendo el aumento de inmediato, continuaría un imparable ascenso que nos llevaría al desastre en poco tiempo. No es que no hubiera pensado nunca en estas cuestiones, quizás nunca me había parado a interconectarlas aplicando esquemas de lógica y filosofía. Problemas filosóficos por separado que ahora se presentaban ante mí en una imparable progresión geométrica que el planeta no podría soportar mucho más tiempo. Era una bomba de relojería, una espada de Damocles que traería la destrucción en menos de cien años. Algunas zonas del globo ya estaban demasiado calientes, muchas clases de peces habían sido pescadas hasta el exterminio y las áreas donde vivían más y más humanos estaban desplazando a muchas otras especies animales poniéndolas en riesgo de muerte.

A medida que me documentaba más y más sobre el proceso, llegaba a la conclusión de que el único final posible era un cambio global con pautas de control de población, o un indeseable exterminio por métodos propios o ajenos. ¿Cuánto tardaría algún científico loco en decidir que algunos países como India, China etc. tenían demasiados habitantes? O que las familias africanas con nueve hijos eran una carga permanente para sus maltrechos territorios… ¿Cómo podían tener ganas de sexo o de traer hijos al mundo viviendo en esa pobreza? Los virus genéticos se estaban desarrollando mientras escribía aquellas líneas y me aterrorizaba pensar que si no poníamos remedios naturales a esas situaciones, algún mesiánico iluminado se nos adelantaría con un genocidio de laboratorio. No podía ser yo el único que tuviera aquellos presentimientos… Quién sabe qué oscuras maquinaciones se tramarían en los laboratorios de todo el mundo, y qué organizaciones las financiarían. Habría sido casi imposible convencerlos de lo contrario… Sin ninguna medida poblacional y bien entrado el siglo veintiuno, tarde o temprano alguien pondría la maquinaria de la destrucción en marcha, o nos destruiríamos nosotros mismos a ese ritmo antes del año 2070, para cuando el número de humanos sería un 50% mayor. Las matemáticas no fallaban, y el plan no dejaría esos aspectos en el olvido.

CAP 21

EL PLAN ABCALIA

Abcalia. El nombre me había parecido interesante por varias razones; su traducción del latín era tan abierta como adecuada en cualquiera de sus diferentes combinaciones.

"Ab = de, desde, en conexión con, fuera de" / "Calia= oscuridad, niebla".

El nombre cumplía además una función práctica que, como todo en mis planes, estaba conectada a lo demás. Aquella combinación inicial de letras haría que mi plan estuviese automáticamente por encima de muchos otros en cualquier lista por orden alfabético. Sabía perfectamente que estaba abusando de mis capacidades intelectuales, pero me pareció que era por una buena causa...

1. Control poblacional

En las zonas industrializadas, la gente tenía el suficiente sentido común como para saber cuántos hijos podrían mantener y cuánto esfuerzo llevaría verlos crecer. De hecho, ese sentido común había llevado a un envejecimiento de la población europea, japonesa o norteamericana. Esa variable sería temporal, ya que la tecnología y las mejoras en las condiciones de vida harían posibles otros modelos sociales mejor adaptados. Jubilados que trabajaban pocas horas a la semana para continuar teniendo un contacto con el mundo laboral, formas de vida menos dependientes del trabajo de otros...

Sin embargo el problema poblacional estaba en otras áreas menos industrializadas. Por raro que parezca, gente que apenas podía alimentarse a sí misma, tenían entre cinco y nueve hijos de media, a veces incluso más. Razones culturales que anclaban a los territorios en la pobreza más absoluta. Era difícil dar comida, educación, cariño y atención sanitaria a uno o dos hijos, imposible hacerlo con nueve. Sin embargo, países como Uganda afirmaban orgullosos que la virilidad de un hombre se representaba en el número de hijos que poseía. Era, obviamente, una estupidez; pero poca gente se habría atrevido a rebatir esa creencia por una mezcla de miedo a ser tachado de racista y por una extraña condescendencia post-colonialista hacia esos territorios. Como si decirles a sus habitantes que su planificación familiar era ilógica fuese otro hostigamiento intervencionista en su modo de vida.

Según UNICEF, la media de hijos de una mujer ugandesa se situaba en los 6,7. La población del país se había triplicado en menos de medio siglo. Hasta que el primer punto de todas las agendas estuviese centrado en arreglar esa locura poblacional insostenible en tantos países, sería imposible evitar un desastre global que avanzaba en progresión geométrica.

Las familias de territorios sostenibles veían como en lugar de darse cuenta del error, la gente de países donde la familia numerosa era la norma, enviaba a sus miembros a otros territorios para continuar allí la locura demográfica. La situación avanzaba sin perspectivas de remitir y sin despertar demasiadas alarmas pese a lo extraño de todo aquello.

La única forma de solucionarlo era impulsar medidas de ajuste como las que llevaron a China a corregir ese mismo problema en el pasado. Pedir a países que dependían casi por completo de la ayuda externa, que sus habitantes se centrasen en criar dos hijos como máximo no parecía una idea alocada. Cada territorio debía tenerla población que fuese capaz de mantener y alimentar, en lugar de disparar las tasas demográficas y exportar a sus habitantes para inundar zonas que sí habían hecho bien sus propios cálculos poblacionales.

Esa medida por sí misma debería frenar la apabullante tasa de emigración de muchos territorios. Mantener los límites en número de hijos para inmigrantes de esas zonas tampoco parecía descabellado. Un porcentaje máximo de inmigrantes por territorio facilitaría su integración en lugar de formar guetos extraños. Algo aplicable a todas las nacionalidades, ya que yo mismo habría encontrado más fácil tener vecinos de mi país al establecerme en otro. Esto habría ralentizado mi integración. Conocía demasiados casos donde tras veinte años en un territorio, la gente apenas se había molestado en aprender el idioma o la cultura de sus anfitriones y continuaban fingiendo de manera perpetua que seguían viviendo en su país de origen.

Con dos hijos por pareja, la población se estabilizaría, la reducción poblacional sería lo suficientemente lenta como para no crear desajustes bruscos, y dejaríamos de aumentar el número de habitantes hasta niveles suicidas.

2. Energías renovables

La mayoría de los problemas geopolíticos tenían una base con un fuerte componente energético. Incluso en el mundo civilizado ignorábamos su desprecio por las leyes y los derechos humanos porque necesitábamos el gas, el petróleo, las materias que suministraban. Por otro lado, nuestra dependencia de estos productos nos hacía enviar miles de millones en divisas que pasaban a estar en poder de otras naciones ajenas casi por completo a la ética; creando además un gasto muy fuerte que debilitaba la balanza comercial. Los cálculos de los expertos estimaban que con la tecnología actual un área de 500.000 Km. Cuadrados produciría toda la energía necesaria en el planeta; que era lo mismo que cubrir un 10% de las áreas de desierto con paneles solares. La inversión necesaria sería muy inferior al gasto de cualquier país en comprar combustibles fósiles y todos los continentes habitables tenían áreas soleadas, sin mencionar que esa cifra se reduciría si cada casa unifamiliar tuviera paneles solares en el tejado como apoyo a su consumo propio. Los coches eléctricos deberían llevar el techo con paneles solares de modo que incluso si solo se cargasen un 30% dejándolo aparcado unas horas al sol, seguiría siendo energía gratuita sin emisiones. El gasto en gasolina sería mucho peor que depender de la luz. Incluso en zonas sin demasiado sol tendría sentido que el techo de un vehículo sirviera para algo.

El resto de energías renovables estaban bien como complemento, pero el hecho de que un desierto árido y sin vida pudiese solucionar los problemas energéticos del mundo era la opción más lógica a seguir. Todos los aparatos eléctricos portátiles podrían beneficiarse de tener capacidad de carga fotovoltaica en la parte trasera, haciéndonos menos dependientes de los enchufes y reduciendo el consumo global. Las energías fósiles eran cada vez más caras, tenían fecha de caducidad y financiaban regímenes de dudoso posicionamiento humanitario.

3. Las necesidades del individuo

Analizando mi propia felicidad, me di cuenta de que además de las certeras teorías de Maslow, la felicidad era más fácil de mantener mediante la suma de muchos pequeños detalles que me mantuvieran dentro de unos límites aceptables. Podía haber tenido un mal día, pero un paseo por el parque comiendo un donut de chocolate mientras escuchaba mis canciones favoritas sumaba varios puntos a mi buen estado de ánimo general. El urbanismo era una pieza clave en la felicidad de mucha gente; no solo porque ver edificios bonitos y balcones con flores fuese un placer, sino también el hecho de tener un parque cerca, no tener que coger un coche cada vez que quisieras hacer algo interesante o tener posibilidades de probar cosas o hacer deporte de manera simple y fácil. Muchas ciudades se habían rendido a los coches, lo cual traía infinidad de problemas: contaminación, sobrepeso, gastos innecesarios... Me gustaban las ciudades de tamaño medio donde podías ir dando un agradable paseo hasta el centro comercial o hacer la compra de la semana cerca de casa. Como mucho, la bicicleta debería ser el aliado de las distancias medias, no los vehículos a motor, ya que el usuario gastaba dinero cada vez que lo usaba. El último recurso, un transporte público con rutas bien diseñadas y nombres adaptados al sitio al que vas para que no hay pérdida. Paradas como: "hospital", "juzgados", "centro comercial", facilitaban el uso, aumentando el número de usuarios sin ocasionar gastos.

Mejorando las posibilidades del individuo de moverse, hacer una vida más fácil y cómoda y darle acceso a posibilidades deportivas, parques y actividades al aire libre, se mejoraba la calidad de vida en todos los frentes. Desde el detalle más pequeño, como las facilidades para que alguien pase tiempo en familia, hasta los detalles más importantes, como mejorar la salud física y disminuir la sensación de que todo funciona con dinero, de que lo único que ven en nosotros las tiendas, anuncios y carteles es una cartera con patas.

4. La economía personal y global

La mayoría de las crisis importantes han venido por el riesgo que produce el endeudamiento o una inversión excesivamente arriesgada buscando la pura especulación. La crisis de los tulipanes del siglo XVII, Las apuestas sobre las guerras napoleónicas del XIX, el crack de la bolsa en el siglo XX, la crisis de deuda del XXI... Todo partía de una base especulativa que o bien arriesgaba recursos que eran demasiado necesarios como para haberlos comprometido, o directamente se contraían deudas. Tanto la economía personal, como la de un país, deberían estar basadas en los recursos propios. El ahorro tiene que ser la base del gasto y no el crédito, que además de procurarnos los mismos bienes y servicios, tiene un recargo de intereses o un efecto de desajuste en el gasto, dando la sensación de que podemos adquirir más productos.

Solo mediante una planificación de ingresos y gastos basada en diferentes niveles y límites podremos resistir los problemas financieros, aprovechar las oportunidades de compra o realizar inversiones en el momento apropiado. Vivir de prestado siempre ha sido una mala estrategia de la que hay que escapar. Solo cuando hemos ahorrado como individuos o como país deberíamos adquirir un artículo. La deuda mundial nunca debió haberse producido.

Personalmente mi primer paso fue tener una cuenta con ahorros que me permitirían vivir dos o tres años sin trabajar con mi ritmo de gastos y sin ningún ingreso. Una segunda cuenta para compras pequeñas y alguna inversión. Adquirir alguna propiedad siempre que el precio sea acorde a la inversión y basar el crecimiento primario en la producción y las buenas ideas. A nivel individual, un jardín del que sacar productos fáciles de cultivar además de ideas para proyectos; a nivel global, la misma política centrando la inversión en investigaciones concretas donde no haya demasiada competencia.

5. La ética y la justicia como base del derecho

Parecería que me he dejado muchas cosas en mi plan, sin embargo, ningún gobierno de un país civilizado podría emprender hoy en día un genocidio. Sus habitantes han aprendido a base de errores, evolucionando como sociedad hasta exigir unos estándares éticos que deben ser una práctica mundial. Los conflictos entre naciones que se solucionen mediante la justicia basada en leyes éticas disminuyen las tensiones, las guerras y la necesidad de poseer armamento cuando nadie va a atacarnos. Podría parecer iluso pensar que esta situación es posible, pero en el siglo XVI todos los barcos llevaban cañones a bordo y hoy sería una locura ver un crucero con ellos; además del hecho de que las leyes internacionales que nos hemos otorgado hacen difícil la utilización de semejante armamento en una disputa entre cruceros.

Es cierto que prescindir de manera total de las armas o los conflictos no es viable en el nivel en el que nos encontramos, pero del mismo modo que otorgamos la defensa de nuestros intereses a la policía, que a la vez es controlada por el estado, en lugar de portar armas, también es posible continuar avanzando en el uso racional de la fuerza. Actualmente los ciudadanos solo ven aceptable el uso de capacidades bélicas para combatir una dictadura cruel que atente contra la ética. El mundo está avanzando y solucionando un problema, facilitamos la solución de los demás.

6. Facilitar la filantropía

Uno de los problemas principales para que la gente se decidiera a ayudar, si así lo deseaban, era la duda sobre las organizaciones de ayuda humanitaria; más concretamente, sobre la gestión de fondos y donaciones. Ha habido escándalos de apropiación indebida en la gran mayoría de las organizaciones y fundaciones filantrópicas, lo cual hace que la gente se lo piense antes de entregar su dinero o directamente lo evite.

La mejor forma de ir solucionando los problemas que se presentaban era un modelo mixto entre gobiernos y sociedad. La base la pondrían los gobiernos como hasta ahora, pero las asociaciones de voluntarios que aporten su esfuerzo en lugar de su dinero, suponen un recurso importante que queda desaprovechado. La mejor forma de gestionar toda esa ilusión es mediante un sistema de objetivos. Un modelo lúdico en el que cada miembro de la asociación tenga una página con sus logros hasta la fecha; una especie de currículum filantrópico donde los días que uno está triste pueda ver lo que ha conseguido con su esfuerzo, los proyectos en los que ha colaborado... algo tangible para comprobar que mejoramos como personas. Certificados por limpiar grandes extensiones de bosque, diplomas por ayudar en la construcción de un parque... Una cultura de la filantropía donde se puedan compartir metas, objetivos y mostrar orgullosos los logros individuales y colectivos. La otra pieza fundamental del proceso es renunciar a los fondos públicos y privados hasta donde sea posible, auditando la parte financiera de forma independiente y teniendo las cuentas a disposición del público detallando hasta el más pequeño apunte.

Organizando la filantropía de esa manera, estaríamos tocando varios puntos esenciales que hoy pasan desapercibidos. Una persona podría limpiar un bosque durante 20 horas seguidas y al final no tendría forma de demostrar que lo ha hecho, recordarlo para futuras horas bajas o compartirlo con quien le apetezca. Es más, si así lo hiciera se le acusaría de estar presumiendo de sus buenas acciones... como si hubiera que avergonzarse de ellas o la filantropía no fuera compatible con el orgullo por el trabajo realizado y por mejorar como individuos. Las ganas de superar a otros, a otras ciudades, a otros proyectos, a otras personas... harían el resto. Incrementarían exponencialmente las posibilidades de mejorar el planeta, ayudando de manera selectiva en los proyectos que a uno más le interesen y no como ahora, que se ayuda de forma general y anónima... únicamente con dinero en la mayor parte de las ocasiones.

Sin duda había más cosas para añadir, pero aquellas eran las fundamentales para evitar el desastre al que nos encaminábamos por el exceso de población, la falta de recursos etc.

Al acabar el plan tuve la sensación de que, pese a ser los pasos correctos a seguir, no había escrito nada nuevo. Sin embargo, si así fuera, sería todavía más triste pensar que las soluciones ya habían sido descubiertas y nadie les haría caso. Quizás la población continuase aumentando hasta que el planeta no pudiese soportarlo, quizás se adelantase alguna organización cansada de esperar lo imposible... Lo único seguro era que había cumplido la voluntad de Eija, y aunque el plan fuese ignorado, nosotros estaríamos a salvo. Existíamos en el tiempo, pero pertenecíamos a la eternidad.

Aquella noche preparé todo y soñé de nuevo. Soñé con Eija, con besos de ninfa, con abrazos de sirena, con sonrisas de vampira y les di lo más preciado que tenía. Continuar sin ellas… sin Eija por los años que me quedasen de vida. Esperaba que fuesen muchos, que fuesen largos y llenos de soledad. Que aunque mi memoria no la recordase, mi corazón jamás pudiese amar a otra. Desee estar solo, desee tener muchas cosas que darle en el momento de nuestro reencuentro… poder decirle que tuve miedo, que sufrí a veces y que todo aquello lo compensaba una sola de sus sonrisas. Tuve miedo de volver a descubrir la verdad, y mientras la besaba por última vez antes de perder los recuerdos, le pedí un milagro. Le pedí que cambiase mi vida y que todo fuese distinto… que yo fuera otra persona, que me diera una nueva vida, una nueva realidad en la Tierra, una en la que su recuerdo fuese imborrable y a la vez inaccesible en mi corazón. Una realidad en la que aquello fuera una historia, un libro que estaba leyendo en aquel instante… Un libro que acabas de leer justo en este momento Daian. Podías ver las letras bailando frente a tus ojos… Un libro que terminaba. Tu nueva vida te espera, ahora eres otra persona, pero sigues siendo capaz de superar ese reto Daian…

Hazlo por ella.

FIN

Ricardo Roque Mateos © 2013
ISBN-13: 978-1484894422 / ISBN-10: 1484894421